2ª edição – Maio/2025
Do 10º ao 20º milheiro
10.000 exemplares

Coordenação editorial
Ronaldo A. Sperdutti

Revisão
Maria Clara Telles

Capa e projeto gráfico
Juliana Mollinari

Diagramação
Juliana Mollinari

Assistente editorial
Ana Maria Rael Gambarini

Impressão
Gráfica Paulus

Proibida a reprodução total ou parcial desta obra sem prévia autorização da editora.

© 2022-2025 by Boa Nova Editora.

Av. Porto Ferreira, 1031
Parque Iracema
CEP 15809-020
Catanduva-SP
17 3531.4444

www.**boanova**.net
boanova@boanova.net

LOURIVAL LOPES

SABEDORIA TODO DIA

editora otimismo

Dados Internacionais de Catalogação na Publicação (CIP)
(Câmara Brasileira do Livro, SP, Brasil)

Lopes, Lourival
    Sabedoria todo dia / Lourival Lopes. -- Catanduva,
SP : Editora Otimismo, 2022.

    ISBN 978-85-86524-99-8

    1. Doutrina espírita 2. Esperança - Meditações
3. Espiritismo 4. Fé 5. Felicidade 6. Otimismo
I. Título.

22-129199   CDD-133

Índices para catálogo sistemático:

1. Mensagens : Ensinamentos : Espiritualidade   133

Eliete Marques da Silva - Bibliotecária - CRB-8/9380

Antes de abrir este livro,
faça um bom pensamento.
Siga-o o ano todo, página
por página; ou, se preferir,
abra-o ao acaso.

"...e eu estarei convosco todos os dias."
Jesus

Estimado(a) leitor(a):

Mais uma vez, preencho-me de alegria ao trazer um livro a público. Este guarda semelhança com um anterior, o **Otimismo todo dia**, por ser também destinado à leitura diária e abranger o ano todo.

As mensagens, aqui apresentadas, destinam-se a dar fortaleza ante as necessidades do cotidiano e a acender luzes permanentes de sabedoria e amor, posto que estão impregnadas de espiritualidade e elevação.

Move-me o pensar que, se Deus está conosco *todos os dias*, com Ele nós também devemos estar nesses *mesmos* dias.

Quanto mais animados e positivos os seus pensamentos, mais facilmente neles se fixa o conteúdo das mensagens.

Essas afiguram-se aos raios de sol que, tocando as mentes e os corações, adquirem coloridos e belezas especiais. São todas da mesma natureza e, como pétalas de uma flor de girassol estão ligadas a um centro que, no ser humano, é o seu íntimo, onde está o amor de Deus e as virtudes do espírito.

Desejo que a sua vida, no cotidiano, seja bastante sábia, agradável e feliz. E contente ficarei se isso conseguir, a exemplo do que vem acontecendo com os leitores de outros livros meus, que são, como este, também de uso prático.

Agradeço a Deus a bênção de escrever e de contar com a aceitação dos leitores, atualmente em um número que jamais pensei alcançar. Também agradeço aos que me auxiliaram, em diversos setores, até o final desta obra.

Dedico-a a você. E a Deus peço que lhe envie uma bênção de fortaleza e paz todos os dias.

Abraço,

Lourival Lopes

01/Jan

O ano principia.

Abrem-se, agora, expectativas de trabalho, realização, comunicação, boas ações, saúde corporal e mental, resolução de problemas e grande paz no coração.

Aproveite o ano.

Não desperdice os seus dias, nem mesmo os minutos.

O ano vem para realizar seus anseios e consolidar vitórias. Contemple-o. Veja-o não como um vale tenebroso, de incumbências pesadas, mas como um caminho agradável, de oportunidades que ensaiam chegar a você.

O ano é bom para quem com bons olhos o vê.

2

02/Jan

Descubra o seu interior.

Nele, com bons pensamentos, você vai encontrar grandeza, equilíbrio, paz, esperança e vida.

Se até nos alimentos você busca o gosto; na flor, deseja achar o perfume; nos amigos, faz questão das qualidades; no pôr-se a dormir, espera refazer as forças; no acordar, quer ter um bom dia; no beber ou banhar-se, aprecia a água boa; e, no mirar-se ao espelho, quer ver sua beleza, por que não querer experimentar as maravilhas, as belezas, os perfumes íntimos? Que impede você de adentrar-se a si mesmo?

Descobrir, penetrar o interior é entrar na casa onde mora a felicidade.

03/Jan

3

Julgar os outros, condenar?

Mas, com que medida?

Não pode emitir condenação quem é passível de errar. E quem não é?

Quem está com boas intenções não deprecia os outros, não rebaixa nem condena ninguém. Quando chamado a opinar, evita cair no lugar-comum, considera que todos têm suas qualidades e lembra que Deus ama a todos.

Nada pense em desfavor dos outros. Deus faz "chover sobre justos e injustos", como disse Jesus.

Ademais, não têm os outros suas razões?

É maior o erro de quem joga pedras do que o de quem é apedrejado.

4

04/Jan

Empregue bem as suas forças.

As suas forças querem ser bem empregadas. Pedem que você as utilize no que vale a pena, no que tem utilidade e significado.

Não desperdice forças com coisas insignificantes. Quando há descompasso entre as forças e os objetivos, a inteligência e o coração sofrem.

Avalie o que faz. Dependendo do objetivo, às vezes não é erro andar a cidade inteira apenas atrás de uma simples vestimenta ou perfume.

As suas forças valem muito.

Empregar as forças adequadamente é exercício de sabedoria.

05/Jan

5

Trate bem a si mesmo.

Tratar bem a si mesmo é ver-se com beleza interior, com amplas condições de progresso e paz, com todos os meios para resolver problemas e com um futuro maravilhoso à espera.

Mas, há quanto tempo você não se examina? Ou será que você já se examinou algum dia?

Examine-se. Olhe como agiu e age, como trata os outros, como trabalha, como emprega o tempo, como cuida do corpo, como está com Deus, com o amor, a esperança, a caridade.

Você é uma maravilha.

Tratar bem a si mesmo é cuidar bem da casa onde se mora para sempre.

6

06/Jan

Deus tudo lhe dá.

Dá a vida, a água, o ar, o alimento... Também, internamente, dá-lhe inteligência, energia, saúde, força, virtude, sentimento. Ele pode suprir todas as suas necessidades e ama você.

Pense nisso.

E quando você tiver um problema, uma dor, uma desesperança, recorra a Deus, com confiança e sentimento.

Ele sente você por dentro, age permanentemente a seu favor, mobiliza poderes que você desconhece, atenua os seus tormentos e mostra-lhe aspectos novos nas suas questões.

A sua crença em Deus é o seu maior poder.

07/Jan

7

Seja um exemplo.

É bem verdade que você sente limitações, deficiências de entendimento ou de controle emotivo, mas isso não impede você de se tornar um modelo a ser seguido.

Eis – e isso é a maior verdade – que, em você, existem qualidades apreciáveis, poderosas energias de pensamento e sentimento, todo um mundo de luz e paz, que, se acionado, faz de você um exemplo de pessoa.

Acredite no seu potencial. Exercite o que há de bom em você, e os resultados dar-lhe-ão alegria.

Você é um bom exemplo quando acredita em si mesmo.

8

08/Jan

Não se amedronte.

Todo problema é assim: quando aparece, é aterrorizante, sacode os nervos, para, em seguida, modificar-se, assumir nova feição, diminuir, atenuar-se, mostrar outros ângulos e deixar à vista as soluções.

Só o fato de um problema diminuir de intensidade já é quase uma solução.

Por isso, quando o problema, a dificuldade, a questão se apresentar, sacudindo os seus nervos, mantenha-se em calma e espere, ciente de que mudará de jeito após decorrido um certo tempo.

Mantenha-se firme.

A certeza de estar o problema sob controle é fonte de calma e serenidade.

09/Jan 9

Você tem uma mágoa, um problema, um segredo?

Isso é comum.

Para uma solução, ore a Deus com fé. Escolha a noite calma, o ambiente propício e, de pensamento tranquilo, exponha a sua situação a Deus, desejando, ardentemente, um alívio, uma providência.

Deus, que é amor e sente você, agirá a seu favor. E o que você julgava uma vergonha ou sem solução mostrar-se-á, em tempo razoável, despido de gravidade, desobrigando o seu coração de pesados compromissos.

A solução está em você.

Não há problema para quem tem verdadeira fé em Deus.

10

10/Jan

Você sabe que precisa resolver, vencer, ir adiante, mas não encontra ânimo e meios?

Mas, já pensou sinceramente em usar a força de vontade?

Medite sobre a sua posição e faça nascer uma vontade própria, sua mesmo, que não resulte apenas de ideias alheias.

Há uma diferença enorme entre ouvir dizer que é preciso ter força de vontade e já possuir uma convicção nascida de dentro, tendo consciência de que essa força opera, de fato, grandes mudanças e que, por ser divina, tudo resolve.

A força já está em você.

Você se arranca do chão e atinge os céus pela força de vontade baseada em Deus.

11/Jan

Não sofra se ainda não tem as coisas que quer.

É comum grandes sofrimentos por ânsias demasiadas. Mas embora tudo seja permitido a todos, são diferentes os históricos de capacidade e merecimento de cada um. Nem todos podem assumir, perante Deus, os deveres de retribuição ao próximo contidos nas coisas que venham a possuir.

Entenda.

Coisas são apenas coisas, mas geram compromissos. Talvez o que você ardentemente deseja seja um mal, um objeto de descaminho.

Não se aborreça.

Espere, trabalhe, estude e sirva, que o que é para ser seu virá no tempo certo.

12

12/Jan

Aja com esperança.

Não permita que entre em você a desesperança, a descrença nas melhorias, nos progressos. Acredite no restabelecimento da saúde, no bom relacionamento dentro da família, no aumento das amizades, na paz de espírito, na solução de problemas e nas satisfações em geral.

Quando você se mexe por dentro, pondo em ação as forças de que dispõe, e resolve, de verdade, vencer e ser mais como pessoa, começam a aparecer as mudanças e as bênçãos divinas.

Vibre com a esperança.

A esperança mobiliza as forças do espírito e põe em você os benefícios de que precisa.

13/Jan

Você lutou e deu errado?

Mas, é preciso perguntar: você lutou com disposição, esperança e alegria?

Lembre-se de que as coisas não dão sempre errado. O comum é darem mais certo do que errado, e você realizar seus objetivos.

Siga a voz que fala na sua consciência e estenda a mão para a paz, para a alegria, para uma vida construtiva. Diante do que fazer, preencha-se de clareza de raciocínio, disposição, fé em Deus e em você mesmo. E parta para a ação.

Aceite todos os tipos de finalização, de resultado.

Para quem entrega a Deus os resultados, tudo dá sempre certo.

14

14/Jan

Não peça aos outros o que não podem dar.

Os outros têm os seus limites, um máximo, além do qual, se chamados, não atendem ou se irritam.

Não se faça "centro do mundo". Você se machuca se exigir carinhos, mimos e atenções que os outros não têm como atender.

Examine-se e veja as suas qualidades que lhe permitem dar mais do que pedir, oferecer mais do que exigir. Assim, você cresce, angaria simpatias, amor e ânimo.

O segredo da boa convivência está dentro de você.

Cresça aos olhos dos outros.

Quando você cresce, os outros querem ser como você.

15/Jan

Alegre-se.

Não fique só pensando em tristezas, erros, problemas.

A alegria é uma necessidade sua. Com ela, você encontra as razões de viver e a paz interna.

Levante o olhar, tenha bons objetivos e deixe a alegria penetrar na sua alma. Olhe as flores que nascem até nas fendas das pedras para alegrar a vida; a água que brota, apertada, na mina para contentar a muitos; as nuvens que se formam para dar chuvas benfazejas; o vento que areja; e o sol que não descansa nunca.

Em tudo, há alegria.

A divindade que faz ser alegre a Natureza está também dentro de você.

16

16/Jan

Contente-se com o que tem.

Não se entristeça porque não está entre os mais ricos e afortunados.

Não é o muito ou o pouco que faz a sua felicidade.

Você pode viver feliz tendo muito ou pouco e ser infeliz, mesmo sendo rico, por não ter o bastante.

O que interessa é a sua maneira de ver os bens, a sua espiritualidade. Recorde o que o Senhor Jesus ensinou: "A vida de cada um não está na abundância das coisas que possui".

Cuide de sua riqueza interior.

Os bens que você tem são adicionais, o principal é o que está dentro de você.

17/Jan

Não se deprima.

Há momentos em que tudo dá errado; o encontro marcado falha, o ônibus não passa, o carro empaca, a tempestade impede a locomoção. Tais incidentes podem dar a impressão de que a vida não presta e de que viver é uma tragédia.

Mas, se lhe parece que a vida castiga você, desnecessariamente, não é isso verdade. Em certos momentos, o que ela faz é lhe dar estímulos e ajudas para que você desenvolva a inteligência, a vontade, a resistência, a paz. Ao superar os contratempos, você sai preparado para ser feliz.

Quanto mais difícil o momento, mais benefícios você aufere dele.

18

18/Jan

Tenha um bom futuro.

O vento sopra porque tem que soprar, o sol aparece porque tem que aparecer, a chuva cai porque deve cair. Mas, é engano pensar que tudo já vem pronto para você.

Há um universo de coisas boas que dependem apenas de você.

Se você planejou e trabalhou bem, cultivou sadias amizades, esforçou-se e só procurou os bons caminhos, é consequência natural que as coisas agradáveis se apresentem a você no momento certo.

O rio bem protegido leva benefícios por toda parte.

O sol comanda o dia, a lua, a noite, e a mente conduz você à felicidade.

19/Jan

O mundo é de todos.

Se pensar que o mundo não é só seu, perde a obrigação de ser "palmatória do mundo" e se beneficia com isso. Se pensar que o mundo é mais seu do que dos outros, sofre com o querer ser melhor do que eles e o achar que tem mais direitos e menos deveres.

Pense positivamente, vendo-se uma pessoa igual às outras, podendo chegar a altos padrões de inteligência e bondade. Se estiver em erro, corrija a sua maneira de ser e ponha o carro de sua vida na estrada certa.

Ame a todos.

Quando você ama, liberta-se das coisas que impedem a felicidade.

20

20/Jan

Não cultive rivalidades.

As rivalidades, o ódio, o rancor, a mágoa fazem muito mal porque criam uma desarmonia entre você e Deus, que é bondade, perdão e paz.

Se alguém entra em atrito com você, diz-lhe palavras ofensivas ou o induz a conclusões errôneas, defenda o coração e ocupe-se de coisas elevadas e positivas.

Viva em paz.

Quando você se dedica a fazer o bem e a se entender com todos, a serenidade cresce e preenche lugares no seu coração, não deixando espaço para as intranquilidades.

Cuidar bem do coração é o primeiro passo para a paz.

21/Jan

Não se atormente com o dia de amanhã.

Não há razão para ficar apreensivo quanto à roupa a usar, à aparência a adotar ou à maneira como cumprirá os compromissos.

Tenha a certeza de que todos os seus dias vêm carregados de recursos para responderem às suas necessidades. O dinheiro para pagar as coisas, a roupa a vestir, o alimento e tudo o mais surgirá na hora certa, não sendo motivo para você se atormentar.

Tenha confiança, que você sempre preverá o necessário, agirá na hora certa e resolverá tudo com êxito.

O dia de amanhã não vem para prejudicar você.

22
22/Jan

Não o entendem?

Mas, o que mais vale é o que você sente, diz e faz.

Apoie-se na força da sua fala, na verdade e no sentido que ela tem e não se frustre com as incompreensões. Os mártires que foram entregues aos leões, que foram queimados ou crucificados não abandonaram a fé em Cristo.

Creia nisso e diga para si mesmo: *o principal não é que as pessoas me entendam, pois isso depende do que são. O mais importante é sentir que as verdades que penso e expresso um dia resplandecerão.*

Vive feliz quem bem se entende consigo mesmo.

23/Jan

23

Compreenda mais.

Você agrada mais o seu coração, tem mais esperança e cumpre melhor os deveres quando compreende a si e a vida.

Dedique-se a saber mais sobre você mesmo, sobre Deus e os outros, e o porquê de ter que progredir, amar e ser feliz.

Ao procurar o entendimento, as suas forças profundas são chamadas e emergem, as incompreensões se diluem, tudo se aclara e um imenso cabedal de paz e sabedoria vem à tona.

Seja compreensivo.

É fácil viver quando se compreende o que precisa ser compreendido.

24

24/Jan

Tenha profunda fé.

A fé que você desenvolve em Deus, nas coisas que vê e faz, no que sente, pensa e espera é energia aliviadora de problemas e de impulso para o alto, para o progresso, o qual lhe descortina horizontes largos e generosos.

Ponha dentro de você uma forte esperança de que tudo o que lhe aparece é para melhor, de que os seus dias serão sempre abençoados, de que Deus tudo lhe dá conforme você precisa, pensa, ama e age.

Siga pelas grandiosas estradas do amor e da fé que estão no seu coração e confie sempre no bom andamento das coisas.

É a fé o sustentáculo para que sua vida seja feliz.

25/Jan

Queira aperfeiçoar-se.

Você bem se estimula quando decide aperfeiçoar-se, crescer e ser feliz.

Mas, você se prejudica quando não quer mudar, evoluir e experimentar novas formas de ação.

Aproveite as oportunidades de melhoria e arranque-se de onde está, concentrando as suas energias numa direção de crescimento e paz. Desamarre-se do velho e cansado passado e ponha-se, o quanto antes, a pensar em si, nas chances de progresso, no que lhe ensinam a vida e as pessoas.

Seja mais do que é.

Você começa a sua perfeição no momento em que decide ser mais do que já é.

26

26/Jan

Hoje é dia de ser feliz.

Aproveite as horas, os minutos e segundos deste dia e sinta as melhorias internas e externas como presentes de Deus para você.

Não se canse de ver a mesma paisagem, as mesmas pessoas, os mesmos trabalhos, incumbências e problemas. O que importa é ter paz no coração, cuidar do que está por dentro de você.

Tenha sabedoria.

Olhe para dentro de si com prazer, admire-se e firme-se em bons propósitos. Com isso, o seu exterior se modifica, o mal perde força para o bem e vêm-lhe novas emoções, claridades e energias.

Os dias existem para a sua felicidade.

27/Jan

Aceite o caminho tortuoso, difícil, pedregoso.

Os caminhos difíceis, as sendas espinhosas, as angustiantes decisões, as longas esperas, o convívio com pessoas problemáticas, os torturantes ambientes de trabalho e o mais não são o que parecem ser.

Existe neles o outro lado: o positivo, o bom. Observe-o.

Deus em tudo pôs um aproveitamento, um fruto. Faz a flor entre os espinhos, a alvorada na noite escura, a saúde na doença e a paz nos conflitos.

Procure o lado positivo.

É sábio quem vê alegrias até no sofrimento.

28

28/Jan

Refaça-se.

Se algo saiu errado, e em você resta um mal-estar, uma mágoa, busque refazer-se.

É natural você querer dizer uma coisa e sair outra, querer fazer de um jeito e resultar em outro.

Mas, retifique o errado. Se ofendeu sem querer, mostre as suas boas intenções. Se foi o trabalho que ficou imperfeito, disponha-se a fazer melhor.

Quanto ao que restou dentro de você, pense em Deus e ore com a intenção de não mais errar. Assim você sentirá uma renovação, um conforto, uma esperança.

As águas por si mesmas se depuram e seguem o seu curso normal.

29/Jan
29

Recupere-se das perdas.

Não fique remoendo descontentamento, se estudou e não passou; se esperava e não veio; se não esperava e veio; se saiu e não encontrou; se apostou e não ganhou.

As perdas são naturais.

Todos perdem algo, como o posto, o dinheiro, os amigos, os familiares e até o próprio corpo. Então, não se desespere. Não corra atrás do que perdeu mesmo.

As únicas coisas atrás das quais você deve ir, se as perdeu, são a esperança, a paz, a fé, a alegria, o amor – a sua evolução.

Compreenda isso.

Tudo passa, mas a elevação da mente e do coração permanece para sempre.

30

30/Jan

Você tem muitos recursos.

Não se veja sem meios de solucionar questões e problemas, de olhar o mundo de frente e de fazer-se pessoa próspera e feliz.

Você tem condições. Se não as que estão à mão, visíveis e prontas, as de dentro de você. Em seu íntimo se encontram as energias e forças de que precisa, as inteligências e sentimentos, o Deus que o ama.

Faça virem os recursos. Vá ao campo interior, procure-os, insista na busca. Quanto mais são buscados e exercitados, mais eles aparecem e crescem.

Sinta-se forte.

Deus, que é eterno e infinito, pôs em você recursos também eternos e infinitos.

31/Jan

Alargue os seus horizontes.

Certamente numa caverna escura você não será feliz.

Alargue a mente, os seus sentimentos, energias e vibrações, e enxergue o sol a sua volta. Sinta o calor do dia e uma paz verdadeira.

Você tem as qualidades, verdades e forças para romper os pensamentos negativos, doentios e impor os arrojados, saudáveis e otimistas.

Gerencie bem os seus pensamentos, emoções e projetos. Silencie numa hora, fale em outra, sempre com paciência e esperança no coração.

Você vê belos horizontes quando os quer realmente ver.

32

01/Fev

Não se sinta diminuído.

Não pense que o mundo e as pessoas não lhe dão o carinho que você merece, a atenção e o respeito a que você tem direito. Não diga que não lhe oferecem chances de progredir e trabalhar, nem que não lhe dão condições para ser saudável e otimista.

Eleve-se.

O mundo apenas reflete você.

Você acumula decepções quando espera que os outros façam mais por você do que você por eles; mas, sente paz no espírito quando se dispõe a dar mais do que podem lhe oferecer.

É na vontade de dar mais do que receber que está a sua fortaleza.

02/Fev

Não desconfie de si mesmo.

Reaja, se você suspeita de que a sua capacidade não é muita, de que há dificuldades que não pode vencer, de que existem limites ao seu saber, de que melhor é deixar as coisas como estão.

Imponha-se.

Se estão em luta os seus pensamentos, reforce os positivos e construtivos, pois que lhe dão certezas, valores, confianças, alegrias e derrote os negativos e destrutivos, que o fazem sofrer.

Confie em si.

A crença em si mesmo vai na frente e abre caminho para a felicidade.

34

03/Fev

Faça com boa intenção.

O mais importante no que você faz é a intenção com que faz, o propósito, a forma elevada.

Em tudo o que fizer ponha uma pitada de alegria, de bondade, de confiança, e os resultados serão bons para você e os outros. Na hora de agir, ponha o que tem de melhor, com determinação, autenticidade e jogue longe as confusões mentais, o pessimismo, a descrença.

Seja sempre otimista, confiante. Veja à frente algo bom, uma saída, uma solução e nunca se entregue ao que só pode infelicitar você.

Você pode fazer bem-feito.

A boa intenção valoriza o que você faz.

04/Fev

Você viverá para sempre.

Se em tudo o que vê há começo e fim, não é assim com você. Deus pôs a eternidade em você para que receba sempre os resultados do que planta, sinta paz com o que fez, colha benefícios das experiências e seja tão feliz quanto luta para ser.

A morte é aparente.

Ela também faz parte da eternidade da vida, pois que renova, destrói ilusões, ensina a amar e a conhecer as verdades sublimes.

Não perca, por ociosidade, o momento presente, deixando para depois o que deve fazer agora.

Eternidade é ação.

A sua eternidade feliz repousa no bem de agora.

36

05/Fev

Você não tem a obrigação de agir com os outros da mesma maneira como eles agem com você.

Se alguém falha com você ou na sua frente, diz o que você não aprova, age com estardalhaço ou provoca discussão, não entre na onda do desequilíbrio.

Não sofra com o mal.

Responder na mesma altura, expressar rancor ou vingar-se é obedecer à antiga lei do "olho por olho, dente por dente", derrubada pela lei do amor, trazida por Jesus.

Mantenha-se em calma.

A serenidade, o equilíbrio e a paz são defesas do seu coração.

Livrar-se de ondas más é flutuar acima das malquerenças e querer bem a si e aos outros.

06/Fev

Tenha boa imagem de si mesmo.

Você é pessoa plena de inteligências, qualidades, valores, belezas e alegrias.

Jamais pense ser pessoa desajeitada, infeliz ou doente, pois, como se imagina, assim se torna.

Se se imagina positivamente, as suas energias, pretensões e tendências se animam, aglutinam e realizam o seu pensar. Mas, se se imagina em decadência e sem futuro, elas sentem tolhimento e, inertes, deixam você entregue a sofrimentos.

Pense bem de si mesmo.

A boa imagem de si mesmo é força de escultura e beleza dentro de você.

38

07/Fev

Nem tudo compensa.

Engana-se quem sofre um revés, uma forte contrariedade, um desengano e busca nas drogas uma forma de compensação. Isso só aumenta as dores.

Não é entorpecendo o corpo, iludindo-se, que se resolvem os problemas da alma, do coração. Eles são eliminados com as forças da fé e da ação positiva, com paciência e sincera busca de paz.

Se isso acontece com você, tenha forte crença em si mesmo, nas suas capacidades e forças, no supremo poder de Deus e aja.

Espere confiante o dia de amanhã.

Nada ameniza melhor a dor do que a fé e a esperança.

08/Fev

Ponha um limite às quedas, às negatividades, às tristezas.

Quando um assunto angustioso apertar-lhe o coração, procure as ideias elevadas.

Reaja.

Não deixe ir adiante o que o leva para baixo.

O que não pode ter limites é o seu trabalho de crescimento e ascensão, com a busca de mais capacidades e o uso do seu supremo poder de alegrar, conciliar e amar.

O mal que você deixa sem limites impede a sua melhoria, a sua subida, a sua luz. Ele aumenta as barreiras e as infelicidades.

Não caia no poço.

Em toda queda há um grito da consciência pedindo subida.

40

09/Fev

Conceba bem a sua vida.

Conceber bem a vida é ter clara a ideia de que você nada tem a temer no futuro, de que o que tem a fazer não é um problema, de que pode se relacionar bem com todos, que a sua saúde é resistente, de que a felicidade é possível e de que tudo o que lhe diz respeito está cada vez melhor.

Você vive bem quando entende ser boa a sua vida.

Nos momentos de dor e atrapalhos, escreva *dentro de si* as palavras *resistência, trabalho, fé* e *alegria*. Com isso, o difícil se faz fácil, como uma nuvem que se afasta soprada pelo vento.

A vida o afaga quando você a trata bem.

10/Fev

Siga com esperança.

Os seus caminhos são fáceis de andar, e as dificuldades perdem forças quando você põe uma poderosa esperança no peito.

Ao usar pensamentos positivos e confiantes, você faz aparecer os poderes de alívio e paz e não se machuca nas pedras do caminho.

Mesmo que, no momento, você esteja diante de um furacão de atrapalhos e problemas, não acredite que ele irá jogá-lo pelos ares. Faça surgir a esperança e espere que uma suave brisa logo chegue, com frescor e bom perfume, resolvendo tudo.

A esperança é uma força que, confirmada por Deus, intensifica-se e facilita-lhe a vida.

42

11/Fev

O seu futuro será bom.

O seu amanhã e os dias distantes estão desde já sob a influência do seu pensar.

Tudo começa a ser real desde o pensar, pois é da lei da mente concretizar o que nela é elaborado, inclusive fazer sumir o que é ruim e firmar o que é bom.

Se, agora, com empenho, imagina ser feliz e útil, você cria energias e vibrações que trabalharão o tempo todo a seu favor. Você se surpreenderá com as belas paragens a que elas o conduzirão.

Creia que o seu pensamento é força, é energia, é vibração e que, de fato, pode torná-lo vencedor e feliz.

O futuro que se crê ser bom é bom desde já.

12/Fev 43

Force a sua natureza para cima.

A sua natureza é divina, pura e possui dinamismo e esplendor. E como a semente que tem virtudes para ser árvore, flores e frutos.

Ela age e reage conforme você pensa, ama e faz.

Quando você a força para baixo, em direção a maldades ou vícios, ela se põe de sobreaviso, em posição de defesa, esperando que o sinal de decadência passe.

E se você anseia por crescer, progredir, melhorar-se e dela se lembra, então ela se solta, vibra e fulgura de tal maneira que lhe possibilita alcançar o que pretende.

A sua divina natureza é de progresso infinito.

44

13/Fev

É muito grande a sua força interior.

Quando você realmente quer realizar algo, melhorar, atenuar velhas dores, esquecer males, a sua força interior atua para concretizar o que deseja.

Uma vez chamada à ação, a sua força agita-se, agiganta-se, congrega as inteligências e os sentimentos num feixe com poder de criação, ação e transformação imenso, infinito mesmo.

Acredite que pode fazer, congregar, esperar, elevar-se e muito amar.

Deus pôs o que é bom dentro de você para ser usado.

A força interior bem usada é progresso na certa.

14/Fev

Não deixe prosperar um sentimento que conspira contra você.

Inverta a situação, se achar que o dia está ruim, que os fatos nada ensinam, que a vida não merece ser vivida, que o amor não resolve ou que a paz é uma mentira.

Você cresce durante os combates internos, as provas, pois exercita o poder que tem. Se tudo chegar tranquilo, agradável, conciliatório, as suas forças de resistência, ação e heroísmo ficam sem uso. E, como não se mexem, não mostram o que são.

Transforme o ruim em bom.

A sua capacidade de resolver e transformar cresce nas horas difíceis.

46

15/Fev

Abrace a vontade de viver.

Faça ecoar no seu coração um som de alegria perante a vida. Deixe o seu ser interno vibrar, pondo à mostra positividade e alegria.

Não entre em abatimento, nem que seja pequeno. Afaste, com vigor, os pensamentos negativos e coloque, no lugar de cada um deles, os construtivos, elevados e vigorosos.

Em você estão postas todas as virtudes que Deus achou conveniente uma pessoa ter. Use o fabuloso potencial que possui e sinta que se lhe abre uma nova vida, plena de conquistas e felicidades.

Para construir o seu progresso integral Deus lhe deu o majestoso poder da vontade.

16/Fev

Consiga a paz, o sucesso, a ventura. Maneje energias para romper obstáculos, conseguir a paz, concretizar objetivos, estabelecer nível elevado de pensamentos e emoções.

Fixe-se nas qualidades, que essas, uma vez ativadas, florescem e frutificam dentro de você, dando sinais positivos nos seus olhos e em todo o seu ser.

Empenhe-se em julgar-se com uma luz que rompe as escuridões, põe a descoberto os caminhos e clareia os pontos altos do progresso.

Acredite que já tem o de que precisa.

Acreditando e agindo, você evolui continuamente.

48

17/Fev

Você não precisa de dó.

Não há razão alguma para faltar com o amor a si mesmo e mendigar a piedade alheia.

Ao querer a dó, a piedade, a compaixão, entra em você a deterioração de suas convicções, a diminuição de sua paz, e o seu espírito se empobrece.

Você, por possuir sobejas condições, pode vencer sempre, reconstruir ruínas internas, aquecer por dentro o otimismo e a esperança, sem reclamar dos outros o amor que deve dar a si mesmo.

Entenda, porém, a situação dos outros e ajude-os no que puder.

Quem se julga digno de piedade despreza o seu tesouro interior.

18/Fev

Ative o seu ser.

Ponha em ação, com decisão, o seu cabedal de energias.

Esse cabedal anseia, dentro de você, por oportunidades de expandir-se e realizar progressos.

Tudo o que você faz em benefício dos outros é ponto a seu favor na existência física e nos planos espirituais, onde ainda mais brilham as suas luzes.

No ato de ajuda aos outros, o mais ajudado é você. Tenha o prazer de servir, veja crescer o seu amor, o de Deus, que lhe concede felicidades.

Execute boas coisas e observe o movimento da vida a seu favor.

Deus, em você, realiza maravilhas.

50

19/Fev

Cresça.

Um pequeno avanço dentro de você representa um crescimento externo acentuado.

Um mínimo aumento nas habilidades de pensar e compreender, no domínio das emoções, na elevação do espírito resulta em grandes e visíveis melhorias externas.

Avance num bom sentido mesmo que sinta ásperas dificuldades. Se não conseguir o muito, o notável, dê pelo menos um passo adiante, inicie a autoconfiança e enfraqueça os problemas.

É dentro de você que nasce o sucesso.

O muito que você quer crescer começa com pouco.

20/Fev 51

Entenda-se consigo mesmo.

Se você se entende, não é nada a grande movimentação externa, os problemas que não mostram solução, as cargas negativas no trabalho ou na família, o futuro impreciso, a perda de afeições queridas e tudo o mais.

Entender-se consigo mesmo é buscar, no fundo de si, forças de paz e compreensão. É ter convicção de não se abalar por nada, estar ciente de possuir um amor que anula as pressões indesejáveis.

Dentro de você estão todos os instrumentos de progresso. Use-os como fazem os bons profissionais.

Sinta a sua capacidade.

Quando você se entende, nada tem poder negativo sobre você.

52

21/Fev

Alimente a sua chama interna.

Sustente uma chama que ilumine todo o seu interior com sabedoria, amor e fé.

Dê-lhe permanente combustível.

O combustível da chama interna é pôr em ação as boas intenções, é exercitar-se em ser melhor, em entender e reconhecer suas aptidões e belezas íntimas, em ver ensinamentos nas coisas e fatos, em amar as pessoas como iguais a você e em ter o coração, a mente e o espírito reverentes ao Senhor Deus.

Ilumine-se.

Nunca perca uma oportunidade de fazer luz dentro de você.

A chama do bem acesa internamente brilha para sempre.

22/Fev
53

Não brigue com a vida.

Viva de maneira tal que tudo seja normal, que tudo passe por você naturalmente, sem deixar mágoas.

Assim que você se encaixa num estado de tranquila aceitação das pessoas e fatos, vê que o normal, que o que é comum para você não o é para todos, que por pouca coisa as pessoas se alteram ou se sentem infelizes.

Viver em paz é providência fácil de tomar. Basta crer na fortaleza do seu coração e no poder que a sua mente tem de entender e aceitar todas as coisas.

Viva com naturalidade.

Estar em paz com a vida é nunca ofender o próprio coração.

54

23/Fev

Tenha calma.

É certo que há situações em que lhe parece justo impacientar-se, agredir e marcar, na outra pessoa, o que você é ou o que quer. No entanto, isso não dá bom resultado, pois mesmo os que se sabem sem razão se acham no direito de ser bem tratados.

Então, compreenda.

Mesmo que você esteja com toda a razão e precise usar de energia, não empregue a violência. Examine bem, fale com segurança e calma. Só um trato digno modifica pessoas sem deixar ódios.

Com amor se faz bem-feito.

O amor é mais forte que o ódio.

24/Fev **55**

Todos são irmãos, são iguais.

Você e os outros têm a mesma identidade, a mesma essência, a mesma natureza profunda. Diferem nos graus de desenvolvimento da sabedoria e do amor, mas possuem igual destino de luz e de encontro com Deus.

Assim pensando, se alguém não o entende, pode ser que não entenda a si mesmo; se não o ama, é porque talvez não saiba como é amar; se não vê em você qualidades, por certo não as vivencia em si; e, se não lhe dá sossego, com certeza não tem paz.

Mas, Deus está em todos.

Saber-se igual aos demais é reconhecer que Deus a ninguém fez melhor do que você.

56

25/Fev

Não deixe más lembranças suas para ninguém.

A insatisfação dos outros é pensamento negativo que lhe causa males.

Se não deu para agir bem, procure os meios de corrigir o que fez, diretamente com a pessoa ofendida, ou, sendo isso impossível, demonstre intenção de reconciliar-se.

A retificação é mais fácil do que se imagina. Assim como você gosta de ter boas impressões dos outros, eles também querem ficar com boas impressões suas.

Aja com sabedoria.

A boa impressão que você deixa nos outros é força a seu favor.

26/Fev 57

Tenha paciência com tudo.

Se não lhe dizem a verdade ou o que você quer ouvir, mesmo assim escute. Se faltam ao compromisso ou não fazem como você quer, compreenda as razões de quem assim age. Se o ofendem, silencie ou pense antes de responder. Se não lhe reconhecem o valor, não se abale. Se tudo vem às avessas do que deseja, controle-se e espere modificações.

A paciência tudo resolve.

É tendo paciência e calma, é pensando antes de agir que você vive melhor, sente prazer em ter sabedoria e bem planeja o futuro.

A paciência é a semente da paz duradoura.

58

27/Fev

Aja com vigor.

Vigor não é rigor exagerado ou truculência. É fazer com que as forças, bondades e esperanças apresentem-se no instante de agir.

O esforço, na hora da ação, é treino da sua inteligência e dá bons resultados.

Não faça as coisas pela metade, nem abandone bons projetos. Depois de bem pensado e começado, prossiga até o final.

Os pensamentos usados por você estimulam outros iguais ou superiores, propiciando-lhe constantes melhorias e até alegrias que jamais esperava.

Confie no seu poder de ação.

É pelo agir vigoroso que você mostra a sua grandeza interior.

28/Fev

Seja pessoa decidida.

Há horas em que você não sabe se vai ou não, se faz ou não, se soluciona ou não, se espera ou não e outras que tais.

De verdade, nem tudo pode ser decidido de imediato ou feito na hora. O que mais perturba não é ter que tomar providências, mas sentir-se sem forças, sem condições de decidir e rumar para a frente.

Nada melhor, na indecisão, do que refletir sobre as próprias capacidades e, para ter ânimo, pedir forças a Deus. Ele, vendo a sua boa intenção, dá-lhe os caminhos e os meios necessários.

Vença a indecisão.

Ser uma pessoa decidida é um grande passo na vida.

60

29/Fev

Tudo tem sua hora.

A ajuda pretendida, o avanço na vida ou a corrente de felicidade em que deseja entrar têm hora para ocorrer.

Para o seu aperfeiçoamento, cada coisa tem hora e lugar, não sendo sábio colocar antes uma que deve vir depois. É preciso acertar os passos para se subir um monte, de onde se vê mais longe.

O que acontece, o momento, a vez, os frutos têm por base, por semente, você, com os seus pensamentos e atitudes.

Sustente-se, então, na fé, no amor, com desejo de ser melhor, e a vida estará a seu favor.

Na sua mão está a chave do seu destino.

01/Mar

Contemple-se.

Olhe para o que fez, para o que vem fazendo e imagine o que fará. Para ter boa imagem de conjunto, coloque-se, mentalmente, além do momento presente e mire a realidade atual como espectador.

A contemplação de si mesmo, feita com sinceridade, é força que você arregimenta para corrigir erros, ver-se com nitidez, orientar-se nos instantes de tumultos e paixões e fazer bons planos de ação.

Olhe-se com serenidade e analise a si mesmo, com ânimo de acertar e viver melhor.

Contemplar a si mesmo é uma necessidade que faz a vida melhor.

62

02/Mar

Fique com a consciência tranquila.

Mesmo em meio ao burburinho, às muitas coisas a fazer ou nas horas de difícil decisão ou ação guarde a consciência em paz.

Você pode fazer isso, pois a consciência tranquila vive do respeito seu para consigo mesmo e não deve variar com os acontecimentos externos.

Se você só diz o que deve, policia-se, controla-se, não ofende a ninguém, nem quer se ofender, então, a sua consciência permanece firme, sem ferimentos. Você se sente em harmonia consigo mesmo e com tudo ao seu redor.

Tudo é melhor quando você faz com consciência.

03/Mar

Viva em paz.

Os solavancos da vida, as malquerenças, os males e as intranquilidades são, sempre, amainados dentro de você, desde que os saiba "digerir", ou seja, compreender e aceitar.

Ainda que surjam acontecimentos dolorosos e se levantem contra você palavras agressivas, gestos ameaçadores e perspectivas sombrias, veja-se vencendo, superando, construindo soluções e pondo-se em caminho seguro, livre de oscilações negativas.

Construa a paz.

A sua construção interna depende mais de você do que das coisas que lhe acontecem.

64

04/Mar

É com tristeza que você vê o mundo?

A visão do mundo, com tudo o que nele existe, é conforme você pensa.

Se os seus pensamentos estiverem alinhados e marcados com o carimbo da felicidade e da paz, tudo o que está diante de você ou lhe é de interesse mostra-se claro, ameno, alegre, com sentido de beneficiar você.

Evidentemente, o contrário também acontece. Se os pensamentos são obscuros, desencontrados e aflitos, a visão externa é perturbadora.

Anime-se perante o mundo.

Não vê tristezas quem mantém alegria e paz no coração.

05/Mar

Por que agir e trabalhar?

A ação, a vontade de fazer, de chegar ao objetivo é uma grandeza sua como pessoa humana.

Se assim não fosse, como progredir?

Deus não teria posto em você faculdades tão preciosas, habilidades, forças e poder infinito de pensar e vibrar, se não fossem para uso no real.

A sua segurança e progresso pedem o uso de suas abundantes qualidades e capacidades. Ponha-as a agir para que produzam o belo efeito da realização íntima.

Aja com bom sentido.

A ação é tônico dos sentimentos e fortaleza dos pensamentos.

66

06/Mar

Mantenha um semblante feliz.

Dos seus olhos saem faíscas de amor ou ódio, de paz ou intranquilidade, de alegria ou tristeza.

Revele o seu lado positivo, o tanto que você tem para dar em palavras, gestos, camaradagem e amor. Predominando em você os pensamentos e as intenções positivas, eles, por uma lei natural, mostrar-se-ão aos outros, felicitando-os.

Apresente o que faz feliz os outros e estabeleça uma troca de alegrias e equilíbrios.

É sábio quem foge da tristeza negativa e da alegria irresponsável.

07/Mar

Fale, para que aconteça.

Tende a se concretizar o que sai do seu coração.

Se você diz que é sadio, a saúde busca assentar-se em você, pois que já está aceita e com lugar reservado. Se afirma que é capaz, dinâmico, belo ou feliz, o mesmo acontece.

Deixe, então, o seu coração falar assim: **Tenho condições internas que me elevam e felicitam. Desfruto, agora, de plena saúde, beleza, vigor e paz. Nada pode me prejudicar.**

O coração tem poder.

Você é o que o seu coração diz.

68

08/Mar

Confesse-se em paz.

Diga, sem hesitação, já estar na paz que mais deseja. Essa paz, uma vez dentro de você, permanece eternamente, porque você a guarda e ama.

Continue pensando assim, que a paz se robustece, cresce, emite cintilações que sobem até os seus olhos e lábios.

Sempre vem a paz que se quer com ardor. Revista-se, então, de paciência ante os problemas e relacione-se bem com todas as pessoas. Deixe de lado o que atrapalha a paz.

A paz é o que mais importa.

Você atrai a paz quando a valoriza.

09/Mar

Evite transtornos.

O transtorno, a perturbação, a intranquilidade perde força quando não encontra lugar dentro de você.

Quando para tudo você tem um bom entendimento, as vibrações negativas dos transtornos se dissipam, neutralizadas.

Não sofra, podendo evitar o sofrimento.

Toda vez que você se julga em condição de resolver problemas, uma força e uma paz aparecem dentro de você.

Enfrente, com fé, as correntes negativas.

Um transtorno evitado é um lugar aberto à paz e à felicidade.

70

10/Mar

Não aceite a pobreza mental.

O descuido consigo mesmo, o desprezo pela paz interior, a ausência de vontade de aprender e trabalhar, a confusão interior que se quer desfazer com diversões e prazeres, a inquietação ante os problemas mínimos e tudo o mais podem ser facilmente eliminados.

Tenha ordem interna.

Acredite possuir grande riqueza, com capacidade para bem organizar o mundo interior. Olhe-se com alegria, pense em Deus, ore e formule esperanças.

A sua mente é rica.

A pobreza mental desaparece quando chega a fé em Deus e em si mesmo.

11/Mar

Entenda o porquê.

Compreenda por que está no mundo, por que precisa fazer-se como pessoa, por que precisa amar, por que precisa ter esperança, por que precisa crer em si e em Deus.

Quando você pensa e medita, agindo como pensa e medita, consegue se aprofundar nos significados das coisas, dos acontecimentos, da vida. E isso lhe faz bem.

Ponha a funcionar a mente e o coração, sem ter medo de mistérios ou enigmas. O que não puder saber agora, saberá mais tarde.

Sua capacidade é fantástica.

O seu entendimento progride com o exercício da mente.

72

12/Mar

Não espere o pior.

Não pense se achar na iminência de um mal, de algo que tirará a paz que lhe resta.

Esperar contratempos é expor aos males que eles contêm a mente e o coração.

Assim, se você imagina que a vida lhe trará dissabores, o seu estado de espírito absorve pensamentos negativos, e surgem-lhe tristeza e desencanto. Mas, se levanta o pensamento e antevê alegrias e boas realizações, você sente, desde logo, grande prazer no espírito.

O que você pensa é realidade em você.

Os pensamentos positivos melhoram a sua vida.

13/Mar

Confie em Deus.

Deus recebe a fé da sua prece, contemplação ou boa ação e a devolve, multiplicada, em benefícios visíveis.

Isso se dá mediante o amor, a sabedoria e o poder de Deus, que, sendo em tudo infinito, não se sujeita às limitações humanas de dar somente o tanto que recebe. Uma fagulha de fé, uma minúscula luz transforma-se, nas mãos de Deus, em fonte de permanentes benefícios e oportunidades.

Assim é.

Deposite o coração em Deus e certamente verá abrirem-se as portas da felicidade para você.

Deus converte em grandes benefícios os seus sinais de fé.

74

14/Mar

Não se frustre por pouca coisa.

Se mesmo por muito você não deve se frustrar, quanto mais por pouco.

É você que, pela consideração que faz, dá a dimensão das coisas; sente maior ou menor dor ou alegria; antevê o amanhã com maior ou menor esperança; trabalha com maior ou menor vontade; pensa em Deus com maior ou menor fé.

Dentro de você há um ponto de equilíbrio que coloca cada coisa em seu lugar. E esse ponto se alteia quando você reconhece os seus poderes, as suas energias de progresso, a sua capacidade de amar e de enfrentar desafios.

Manter sereno equilíbrio é ser feliz sempre.

15/Mar — 75

Entregue-se a Deus.

Ore sempre que tiver vontade, mas escolha alguns momentos de silêncio para que a sua mente se dedique somente a esse fim.

Ao orar, encaminhe a Deus, sem reservas, o que está retido no seu coração, na sua alma. Mostre-se por inteiro, buscando forças, preenchimento e expansão.

Não pense no mal.

Quando você se põe verdadeiramente a pensar em Deus, a recolher esperanças e paz no coração, tudo o que lhe diz respeito sofre transformações e aponta melhorias.

A oração move tudo.

Entregar-se a Deus é pôr-se feliz.

76

16/Mar

Sinta-se em segurança.

Por falta de segurança em Deus e nas próprias forças, os pequenos acontecimentos viram tormentos, as mínimas dores agigantam-se e as coisas significativas se tornam desprezíveis.

Não viva em lástimas, nem lamente o bem que não veio.

Atente para si mesmo e veja-se com virtudes. Aumente, um pouco que seja, as forças que em você resistem a críticas e criam simpatias. Opine positivamente sobre pessoas e acontecimentos, sem exagerar nas emoções.

Sinta-se em segurança.

A segurança aparece quando você se sente num mundo amigo.

17/Mar

Seja alegre.

Quando você decide se alegrar, o seu coração emite fagulhas positivas.

Uma vez recebida a ordem mental para a alegria, o coração vibra em faixa alta. Uma vez que continuem os chamados e estímulos, mais ele se prepara para a alegria e se fortalece nela.

Ponha alegria no coração.

Alegre-se até com as mínimas coisas. Um gesto de outrem, um sinal, um encontro, um aperto de mão são suficientes para despertar o seu lado feliz.

Afaste a tristeza.

A alegria do seu coração mostra o seu pensar positivo.

78

18/Mar

Liberte a sua coragem.

Nada justifica manter presas as suas forças positivas, as suas boas disposições e as suas esperanças.

Você tem potência interior, vigor e capacidade para grandes ações, mas precisa acreditar em si.

Veja-se com bons olhos.

Tenha coragem e liberte o seu íntimo, a mente e o coração. Faça vencer a sua vontade de ser melhor e mais feliz. Não pare a sua caminhada, julgando-se sem condições de prosseguir, sem meios de se defender, sem chances de atingir êxito completo.

A sua coragem vence.

A coragem é incomparável força de vitória.

19/Mar

Não tema surpresas desagradáveis.

Você deve ter cautela para não desagradar a alguém, deve ter cuidado ao dirigir o carro, ao trabalhar, ao escolher companhias, ao andar em lugares inseguros.

Isso é certo; mas, maior atenção você deve ter para consigo mesmo, para com os pensamentos e emoções. Fortaleça-se interiormente e não deixe que nada, mas nada mesmo possa ser motivo de abalo.

Fortalecido por dentro, nada de mal o sacode, pois, onde há fortaleza, há garantia de paz.

Para quem está preparado, não existem surpresas desagradáveis.

80

20/Mar

Não tema os outros.

Nada justifica você temer as pessoas ou sentir-se inferior diante delas.

Aja assim: se alguém vem com boas intenções, alegre-se; se vem com maus propósitos, mostre-se educado; se o critica, escute; se algo lhe impõe, analise; se necessita de ajuda ou de uma palavra amiga, colabore.

Então, o que temer?

Confie em si e não tema ouvir, falar ou se calar. A autoconfiança tranquiliza o espírito, dá firmeza ao olhar e ao coração, desfazendo temores.

A presença alheia não oprime quando você sabe o que fazer diante dela.

21/Mar

81

Agrade.

Às vezes, você quer agradar, e as palavras não lhe vêm à boca; quer olhar com simpatia, mas os olhos não brilham; quer mostrar-se por inteiro e não consegue.

Mas, você vence isso.

Exercite o amor. Diga sem medo de atrapalhos: **Sou capaz de sorrir, bem me expressar e agradar. Tenho na mente e no coração grandes reservas de equilíbrio, disposição e alegria que posso usar a bem das pessoas, sacudindo-lhes e coração, felicitando-as.**

Você sempre agrada quando dá amor.

82

22/Mar

Sinta-se feliz.

Não fique infeliz, como se não tivesse um lugar no mundo, como se os acontecimentos e as pessoas tramassem para rebaixá-lo e prejudicá-lo, como se estar bem, ter paz e felicidade fosse um engano, uma mentira.

Reaja a isso.

Não se desgaste esperando o pior, as más notícias, os maus exemplos.

Deixe que uma luz entre em você, aclare o raciocínio, vença as sombras, as más impressões e as expectativas. Tome-se, por inteiro, de crenças positivas, fé em Deus e esperança.

Só com bons pensamentos pode-se ser feliz.

23/Mar

83

Sinta ser alegre a vida.

Não sinta um peso em levantar cedo, cuidar dos afazeres matinais, esperar o ônibus, ver as expressões das pessoas, entrar para trabalhar e rever o ambiente de ontem, atender às pessoas, terminar a jornada, retornar, dormir e recomeçar no dia seguinte.

Tudo é na vida conforme você pensa que é. Os pensamentos e sentimentos têm força de mudança e podem tornar alegre o que lhe parece triste e fazer aparecer vitórias em vez de derrotas.

Considere que tudo é bom. Agradeça a Deus e sorria. Essa é a fórmula do viver bem.

Você alegra mais a vida do que a vida alegra você.

84

Una o amor e a sabedoria.

O amor sem a sabedoria não tem direção, e a sabedoria sem o amor é fria.

Havia dois homens, num deserto, incumbidos de fazer chegar peregrinos a um oásis. Um deles, com sabedoria, desprovido de amor, mostra aos viajantes a direção certa, sem porém supri-los de recursos, e eles perecem no caminho. O outro, com amor, mas sem sabedoria, dá-lhes os suprimentos, sem assinalar-lhes o caminho correto, e eles também se perdem nas areias ardentes.

Com amor e sabedoria você acerta em tudo o que faz.

Quanto mais amor e sabedoria, mais felicidade.

85

25/Mar

Areje a sua cabeça.

De um lado, você se confronta com notícias brutais, perigos nas ruas e nas diversões, alto custo de vida e difíceis relacionamentos que lhe deixam no coração um saldo de angústia.

Mas, de outro, mostra-se a você um mundo leve, a fácil intercomunicação das pessoas, os bons e possíveis objetivos, a adoração a Deus e os vastos valores internos que fazem soprar brisas de conforto e alegria no seu coração.

Então, não é o caso de você decidir-se pelo lado que lhe dá esperanças e abundante vida?

Vive de cabeça arejada quem está no lado bom do mundo.

86

26/Mar

Tenha fé no futuro.

A sua fé no futuro faz o seu progresso agora.

Ao confiar firmemente que adiante vai encontrar muita paz, benefícios, luzes e alegrias, como um abraço de Deus, você sente os sinais, as brisas, como se já estivessem se realizando.

Então, reflita logo sobre si mesmo, sobre o que tem sido a sua vida e crie uma visão positiva do amanhã. Corrija defeitos, ponha ordem na mente e no coração e faça crescer o bem que há em você.

O seu futuro está presente.

Você engrandece a alma quando tem certeza de ser maravilhoso o futuro.

27/Mar

87

O amor remove montanhas, disse Jesus.

As montanhas de empecilhos; e conduzem você a lindas planícies de rios calmos e de frutas saborosas.

Nunca deixe para depois o amor, as boas palavras e as ajudas que pode dar agora. Aproveite este momento para iniciar a construção de uma fortaleza interna contra o mal, protegida pelo poderoso farol da sua inteligência.

O amor desce das alturas de Deus e se aloja no seu coração, onde se converte em força incomparável para asserenar ânimos, fazer a paz e a alegria em todo lugar.

Use o amor.

Um grão de amor remove uma montanha de ódio.

88

28/Mar

Ame as pessoas.

Dentro delas existe a mesma plantinha que há dentro de você. Uma plantinha que se desenvolve, fortifica e dá frutos, se você a trata com amor.

E o bom trato da plantinha delas se faz com o adubo das palavras que você profere, com a luz do seu olhar e a água viva dos seus exemplos.

Ao cuidar da plantinha dos outros, não pense que só a delas se desenvolve. Mais se desenvolve a sua própria, pois que livre dos ácidos do mal e do egoísmo.

Os outros são como você.

Tratar bem os outros é tratar bem a si mesmo.

29/Mar

89

O bem volta a você.

As pessoas sentem impulso para devolver o que recebem. Esse impulso é o espírito de gratidão, que até um cãozinho tem.

Se você dá um sorriso sincero, profere uma palavra confortante ou faz um gesto de simpatia, quem os recebe procura retribuir-lhe. Se a pessoa tem bloqueios de expressão, a correspondência é falha ou nula. Compreenda, então. Cada um oferta o que pode.

Em todos os casos, a energia positiva doada volta a você, aumentada por Deus, que não quer que se perca nenhuma fagulha de amor.

O bem que é feito aos outros retorna para você mesmo.

90

30/Mar

Você tem poderosos ímãs dentro de si.

Os seus bons pensamentos solucionam os casos mais complicados, resolvem as questões mais doloridas e colocam um ponto final nos descontroles emocionais.

Eles tudo melhoram. Fazem o problema ser ensinamento e o sofrimento, alegria; assim como o esterco se transforma em comida e a lagarta, em borboleta.

A sua mente transmite e recebe. Se envia pensamentos positivos para os outros ou para o Universo, é ao mesmo tempo ímã que os atrai para que resultem em progresso e felicidade.

O pensamento positivo é invencível força construtora.

31/Mar

Eleve-se.

Se você está acomodado, não pense ser isso o melhor. Não seja como os outros são, não faça como os que evitam maiores pretensões ou progressos, deixando as coisas estagnadas.

Vença a acomodação.

Raciocine maduramente sobre o que faz, sobre o que leva você a continuar na mesma situação, sem estímulo para progredir. Na situação em que estiver, lembre-se de melhorar, tornar-se muito superior, expandir capacidades e felicidades.

E aja.

Lutar, esforçar-se e nunca se acomodar é sinal de que se sabe do que se é capaz.

92

01/Abr

Deus está dentro de você.

Você é uma lâmpada, e Deus, a "grande corrente" que produz luz por você. Quanto maior a capacidade da lâmpada, mais passa da "grande corrente" e maior é a luz.

São grandes as suas obras e sucessos, quando deixa a "grande corrente" ativar a sua inteligência e as forças vivas do seu espírito.

Você até mesmo se surpreende com o muito que pode fazer.

Então, agora mesmo, deixe que Deus se manifeste em você, aumente a sua capacidade, a bagagem positiva que realiza os seus sonhos e ideais.

Compreender que Deus está dentro de você é o maior passo que você pode dar em sua vida.

02/Abr 93

Pense com determinação.

O seu pensamento tem grande poder.

Se você acredita ter saúde firme, o seu pensamento trabalha para ser assim. Se a supõe mediana ou fraca, ele lhe injeta desorientação. O mesmo acontece nas suas crenças sobre paz, alegria, progresso, felicidade.

Saiba pensar.

Para realizar-se, ser otimista e progressista, pense alto, com decisão, e creia na força dos pensamentos positivos. Eles são "agentes da felicidade" na sua mente e no seu coração.

O seu pensar é ilimitado.

O poder do seu pensamento provém de Deus.

94

03/Abr

Alcance melhorias.

Hoje mesmo, dê um avanço. Volte a sua atenção para o lado do progresso e da felicidade, mesmo que enfrente momentos difíceis.

Recolha-se, reconheça que pelo seu pensar tudo se modifica. Afirme: **tenho forças de mudança e crescimento. Minhas capacidades, pela graça de Deus, desenvolvem-se cada vez mais, delas me resultando alegrias e realizações. Nenhum problema é mais forte do que a força que há em mim.**

Quando você melhora, o mundo o aplaude.

04/Abr

Evite os maus pensamentos.

Um mau pensamento, por fraco que seja, ocasiona uma "explosão" na mente e nas emoções, danifica você em todos os sentidos e repercute nos outros.

Evite sofrimentos.

Não use ideias negativas e destrutivas, pois acendem os pavios das bombas internas. Em vez disso, instale dentro de você os acendedores de luz, ou seja, os pensamentos positivos e construtivos, que fazem surgir saúde, bem-estar, ânimo e felicidade.

Proteja o seu interior.

Desativar a "bomba" interna é livrar-se de complicações.

96

05/Abr

A fé cura.

Tanto isso é verdade, que Jesus afirmou àquele que curou: "A tua fé te curou".

A fé é o melhor remédio. O primeiro que você deve procurar para curar o corpo, a mente e as emoções.

Pela fé, Deus mais aparece no que você faz. Quando Ele encontra aceitação dentro de você, ali produz maravilhas.

As energias curadoras da fé ativam o seu cérebro e produzem substâncias que beneficiam o seu corpo por inteiro. Até a alma, tocada pelas vibrações da fé, expande-se numa aura de luz.

A fé está sempre à sua disposição.

06/Abr

Evite a violência interna.

Não deixe quebrar-se a sua ordem interna, a harmonia dos seus pensamentos e sentimentos.

Não é só a violência externa que existe.

Quando você se violenta internamente, surgem dificuldades e dores. Quando se preserva, vêm as salutares disposições, e você vive feliz.

Para ter bem-estar interior, tudo melhor compreender, conservar a paz e direcionar-se para o que é correto e digno, defenda a bondade do seu coração, a presteza da sua mente, a luz do seu espírito e a beleza dos seus ideais.

É ter sabedoria guardar a ordem interior.

98

07/Abr

Não se perturbe por nada.

Quando você vence uma grande dificuldade e consegue manter firme o equilíbrio, a sua capacidade de resistir cresce e você faz mais conquistas internas.

Toda vez que você adquire mais uma resistência, há um aumento nas suas forças para sobrepujar os obstáculos e formar uma ideia precisa de como agir e ter um futuro promissor.

Seja forte sempre.

O acréscimo nas suas forças vem da sua crença em você e em Deus de estar pronto para o que der e vier, sem nada temer.

Sair bem de um problema é sentir que dele se saiu mais forte.

08/Abr

99

Só o bem vence.

As vitórias do mal são aparentes.

As atitudes de maldade e egoísmo criam um "peso" interno, uma trava e um boicote à paz que arruínam os planos de progresso.

Não se iluda.

Somente o pensar em ajudar, em respeitar os direitos alheios, em ganhar o sustento honesto, em ver Deus em tudo, em reconhecer as próprias qualidades cria estabilidade interna e propicia melhorias duradouras.

O mal traz o mal e o bem traz o bem.

Faça o bem.

O bem é uma semente que, no seu tempo, dá bons frutos.

09/Abr

Preserve o mais sagrado.

Sagrados não são apenas os objetos de culto religioso, mas é tudo o que não deve ser desrespeitado.

Sagradas são, assim, as suas relações de amizade, as intenções de bem viver e trabalhar, a família harmoniosa e todo o necessário para uma vida feliz.

Mas, o mais sagrado mesmo é o seu coração, que não deve deixar-se ferir.

Basta considerá-lo o mais sagrado, o que tem maior valor, que, por uma providência natural, você se põe a cuidar dele, a evitar o mal e a fazer o bem.

É defesa do coração considerá-lo sagrado.

10/Abr

Substitua os pensamentos negativos pelos positivos.

Se você costuma fazer coisas imperfeitas, faça-as perfeitas; se sempre deixa as tarefas para depois, realize-as logo; se não usa as capacidades, ponha-as em ação; se o trabalho lhe parece inútil, veja-o fazedor de êxitos; se tem sido fraco nas perdas, provas e dores, seja forte a partir de agora.

Transforme-se.

Se até aqui fazia mal-acabado ou nada lhe merecia atenção, mude para melhor, passe a fazer bem-feito e a ser otimista.

Você pode pensar positivo.

Os pensamentos positivos são muito mais fortes do que os negativos.

102

11/Abr

Exercite as suas capacidades.

Se o que você fez não saiu como gostaria, tente outra vez; se o que tem não sobra para ajudar os outros, administre-se melhor; se o que disse não é verdade, pense antes de falar; se está em decadência, reerga-se; se não caminha bem o que lhe diz respeito, ore, aja e espere as melhorias.

Se nem tudo lhe sai bem, não desanime. Lembre-se de que o principal é melhorar a si mesmo. E isso você pode fazer sempre.

Progrida.

Creia nas suas capacidades e construa um futuro sólido.

As suas capacidades aumentam quando você se vê progredindo.

12/Abr

Entenda o seu íntimo.

Ele é o que de mais precioso você tem. Nele estão todos os recursos de que você precisa para uma vida realizada e feliz.

Foi Deus que fez você assim.

Ele colocou, bem dentro de você, superprotegidos, fortíssimos recursos e sublimes atributos para serem desenvolvidos e aproveitados. Estão dormentes, como sementes, mas acordam e agem quando você os toca com o bisturi da inteligência e do bom sentimento.

Para todo tipo de questão ou problema, há um recurso dentro de você. Não lamente nada, pois o que é bom já está dentro de você.

As suas qualidades, uma vez desenvolvidas, não recuam jamais.

104

13/Abr

Expanda-se.

Por que ficar atado a velhas concepções, amargar problemas e ver o mundo sem esperança?

Não se acomode.

Você é um ser grandioso, com todos os meios para se transformar e alcançar a paz e a prosperidade.

Não se dê por vencido. Não pense já ter feito tudo o que podia e estar sendo perseguido por Deus e pela vida.

Você pode arrebentar fortes correntes, vencer obstáculos que outros ainda não venceram, levantar-se de onde parece não ser possível, pôr-se de pé até mesmo acima da força das pernas.

Quanto mais capaz você acredita ser, mais capaz se torna.

14/Abr

Contenha os impulsos maus.

No exato momento em que você erra, agride ou sofre uma agressão, passam a lutar dentro de você o bem e o mal. São suas forças internas que se digladiam, umas para justificar o mal realizado ou ferir e outras para corrigir estragos ou perdoar.

Tome a boa posição.

Não permita que vençam os impulsos que golpeiam a sua consciência. Se conseguir dar vitória aos bons impulsos, você ficará bem com Deus, com a sua consciência e será feliz.

Domine-se.

Quando o impulso mau é contido, um impulso bom lhe ocupa o lugar.

106

15/Abr

A dor obriga a bem pensar.

Mas, de livre e espontânea vontade, sem dor, cultive os pensamentos que o façam descobrir a si mesmo, revelar os seus valores e sentir-se feliz.

Se uma dor surge, aproveite o que ela ensina, as decisões e providências que aponta e o estímulo que dá às suas forças profundas. Assim como é preferível a verdade que dói à mentira que engana, é valiosa a dor que se aproveita.

Aprender com a dor é virtude, mas não despreze os seus recursos de inteligência e sentimento em tempos normais.

A disciplina interna vale como a dor que educa.

16/Abr

107

Contenha a palavra.

Vêm-lhe à boca, com força, palavras ferinas contra quem desconsidera você e bate fundo nos seus sentimentos.

Justo parece-lhe responder à agressão com agressão e satisfazer seus instintos.

Mas, não é assim que se vive bem.

Somente perdoando ofensas, amando e servindo é que se consegue a paz interior. Os outros têm razões que você só chega a conhecer se silenciar ou falar com docilidade.

Vença as hostilidades e não afronte o coração.

A maior vitória é a que se obtém na luta consigo mesmo.

108

17/Abr

Firme-se na esperança.

Se as coisas estão difíceis e os problemas teimam em fazer você infeliz, ponha ordem em tudo.

Chegou a hora da esperança.

Só a esperança, por arregimentar em você forças, poderes, energias e afastar as ideias inúteis, põe segurança e paz no seu coração. Logo ao despontar da esperança, afugentam-se os temores, tal como a escuridão some ao aparecer do sol.

Congregue as suas forças positivas, confie no poder de Deus e faça surgir a esperança.

Ter esperança é ter solução.

Um fio de esperança é um fio de solução.

18/Abr

O que guardar de tudo o que passou?
Se você teve que tomar árduas decisões, sofreu abalos no coração ou pesadas mudanças de situação, respire agora aliviado.

Comece nova vida.

Aproveite o aprendizado para crescer por dentro e melhor·agir e não deixe que as emoções vividas atrapalhem o seu presente. Ponha o que passou no lugar em que deve ficar e siga avante, contente por ter vencido etapas dolorosas.

Guarde as experiências.

Quem saber lidar com um passado de tormentas nada tem a temer no presente.

110

19/Abr

Tome ciência de si mesmo.

Os seus poderes são amplos, são de amor e progresso e devem ser usados. Procure-os e acorde-os para que mostrem do que são capazes.

Eles permanecerão dormindo até que um bom pensamento seu os acorde, quando, então, tomam vida e realizam maravilhas.

Você surpreende com o tanto que os seus poderes fazem.

Quando você mesmo não desperta os poderes, abre-se uma vaga para que o façam os problemas e as dores, pois os poderes não podem dormir para sempre.

Mostre a sua capacidade.

Os seus poderes são os seus braços para envolver a felicidade.

20/Abr

Há um poderoso dínamo dentro de você.

Como uma usina que produz luz e força, o seu dínamo interno gera fortíssima energia de paz, esclarecimento e progresso.

Basta você reconhecer que possui esse dínamo, essa capacidade, para tudo melhorar para você.

Um pensamento positivo, por menor que seja, faz o dínamo funcionar. E, uma vez ativado, ele aumenta a energia quanto mais positiva é a sua mente e mais amoroso o seu coração.

Creia no seu poder interno.

A energia positiva que há dentro de você é a felicidade em ação.

112

21/Abr

Sorria para você.

Vá para o espelho e mostre a sua alegria. Quando age assim, você melhor sorri para os outros.

Como ser alegre com os outros e não ser consigo mesmo?

Ao espelho, olhe bem fundo nos próprios olhos, contemple-os e formule bons pensamentos.

Diga, então: **Bem dentro de mim está uma sublime energia de aplicação ilimitada. Sinto os meus poderes, uma paz em profusão, um progresso realizando-se e uma alegria bem viva.**

Veja-se bem.

Quando você sorri para si mesmo, tudo sorri para você.

22/Abr

Não carregue dor ou desesperança.
Livre-se de um passado mal resolvido, de um remorso, de sentimentos de impotência e de outras frustrações.

Em tudo, busque a causa.

Após exame, olhe-se com confiança e desembarace-se do pensar negativo. Ponha uma pedra em cima das más lembranças e dê uma injeção de ânimo no coração.

Use de sabedoria consigo mesmo. Se errou, prepare-se para acertar. Se não progrediu antes, faça-o daqui para a frente.

Empregue o poder da mente.

Nada vence o poder dos pensamentos construtivos.

114

23/Abr

Você tem muito a dar.

Pelo pensamento, você maneja as suas forças para mais ou para menos. Você ajuda ou é ajudado, sobe aos céus ou se atira aos abismos.

Se imagina ter pouco a dar, por si mesmo reduz a sua competência e o seu contentamento. Se pensa ter muito, desamarra-se de negatividades, satisfaz o coração e aprende a viver bem.

Pense elevado.

Deus alegra-se com a sua disposição de dar, de elevar-se e proporciona-lhe alegrias.

Para que você dê mais, Deus lhe dá mais.

Quanto mais você dá de si aos outros, mais Deus dá a você.

24/Abr

Faça e refaça a sua vida.

Mas, como fazê-la e refazê-la com pensamentos de derrota? Seria como edificar, reconstruir ou embelezar uma casa sem usar bom material e cores belas.

Assim, levante sua casa interna com o material de sua fé em Deus e nos seus próprios valores. Para os alicerces, use o ferro da vontade e o cimento da ação. Para evitar as rachaduras, empregue as argamassas da bondade e da paciência. E, no embelezamento, tome as tintas do ânimo e da esperança.

Com boa vontade é fácil viver.

Fazer e principalmente refazer a vida é assunto que não se pode deixar para depois.

116

25/Abr

Não fique nervoso.

O sistema nervoso alterado prejudica o raciocínio e esvazia a mente.

O seu cérebro, para funcionar bem, pede equilíbrio de emoções e pensamentos. Se esses não se "casam", não se combinam, há perturbações.

Antes de se submeter a testes ou exames, relaxe. Considere ter poder interno superior ao que vai passar. Firme-se nas suas qualidades, na crença em Deus e no bom êxito, até que se sinta em forma, e vá em frente.

Você domina os seus nervos.

Acalmar os nervos é a primeira providência que você tem que tomar.

26/Abr

Tudo pode ser melhor.

Para melhorar, acredite ser possível o melhor e nutra-se de bons alimentos mentais.

Afirme serem grandes as suas qualidades para fazer o que for preciso. E tenha como certo que, se você quer, ora e age, afasta os empecilhos, aproxima o que é bom e concretiza os benefícios.

Feche, então, os olhos e imagine que se desenha e realiza o que você deseja de bom.

Parta para a ação, sem olhar para trás.

Quando você crê que pode mudar, a mudança começa a aparecer.

118

27/Abr

Deus ajuda.

Você pode se limpar, brilhar e ser feliz.

Impulsione-se para cima, para uma vida gratificante e alegre e ponha em prática o que pensa.

O auxílio divino nunca lhe falta.

Deus, que é o único e verdadeiro poder, ajuda você nos seus impulsos para cima, o que os torna mais fortes do que os impulsos para baixo, que são meros desequilíbrios.

Confie em Deus, melhore o seu ambiente e tenha paz interna.

Deus lhe dá a mão.

Para você ir para cima, o assunto é de Deus; para ir para baixo, o assunto é seu.

28/Abr

Automatize os pensamentos positivos.

Eles podem ser espontâneos, pois voltam, fortalecem-se e tomam conta do cérebro.

Não é espontâneo o estômago digerir os alimentos, o fígado diluir as gorduras, o sangue circular e o pulmão encher-se de ar? Também o cérebro trabalha os pensamentos e habitua-se ao que é positivo e verdadeiro.

Pense positivo, amoroso, alegre, frequentemente, para tornar essa prática comum, quase como trocar as marchas de um carro.

Corte o negativo.

A mente boa dá paz ao coração.

120

29/Abr

Plante boas sementes.

Cultive a sua terra interior com sementes que dão lindas flores e saborosos frutos.

Com o tempo, vem a colheita do que você plantou.

Semeie no seu coração as sementes da paz, prosperidade, espiritualidade. Nos assuntos, tome o lado benéfico; no planejamento da vida, resista ao mal e imagine as alegrias futuras; nos relacionamentos, veja os outros como filhos de Deus; no lar e no trabalho, use paciência e amor; nas dificuldades, ore e creia-as com solução.

A semente do bem que se planta rende bons frutos permanentemente.

30/Abr

Esteja de bem com a vida.

Para estar de bem com a vida, as pessoas e as coisas, você tem de estar, primeiramente, de bem consigo mesmo. Para estar de bem consigo mesmo, necessita gostar de si mesmo. E para gostar de si mesmo precisa apreciar os seus valores.

Ponha ordem no seu interior e reconheça estar Deus dentro de você.

Não se entedie com seus aspectos positivos, não brigue consigo mesmo, nem relute em ter ânimo.

Olhe-se com prazer e entre em paz com o seu destino.

Estar de bem com a vida é cuidar do coração.

122

01/Mai

Tenha sabedoria nos relacionamentos amorosos.

O coração sozinho não sabe o que fazer. E ele merece respeito. O coração emite faíscas que, se muito vivas, não podem ser apagadas facilmente. São como brasas que queimam.

Quando se afigurar o amor, não deixe a inteligência de lado. Coloque serenidade em cada fagulha, em cada olhar, em cada toque, em cada abraço, em cada promessa, em cada compromisso.

Um coração tranquilo gera bons relacionamentos vida afora.

Preserve-o.

O coração, protegido pela boa mente, é um perene sol de felicidade.

02/Mai

Quanto mais fé, menos sofrimento.

Os sofrimentos decorrem de fraquezas internas. E a fé é fortaleza. É fortaleza de tal ordem que nada a põe abaixo.

Fortificando-se você, as situações externas perdem ou ganham significado, pois do seu interior depende o exterior.

Você dosa a fé conforme as circunstâncias. Para os atrapalhos pequenos, basta uma atenção com fé; para as dificuldades em geral, é preciso constante fé; e, para as catástrofes, necessita-se de oração e mais oração.

Nada derruba quem tem poderosa fé em Deus e em si mesmo.

124

03/Mai

A vida presta.

A vida dá a você muito mais do que você a ela. Como pode então não prestar?

Não dê ouvidos aos que dizem que a vida não tem sentido, que tudo se acaba em nada, que vencem os que não deviam vencer.

Levante os olhos.

A vida não são apenas coisas, dinheiro, matéria. Ela tem sentido elevado, é digna de ser vivida, ensina e dá alegrias. Trate bem a vida que você tem, desprenda-se de futilidades, encha o peito de esperança e fé, e ela se mostrará bela e útil.

A vida mais beneficia a quem se beneficia a si mesmo.

04/Mai

125

Medite.

O seu pensamento é o que existe de mais poderoso. E meditar é aprofundar o ato de pensar, ir mais longe, até tocar na fonte inesgotável de luz e paz que há no íntimo.

Mesmo que você esteja satisfeito materialmente, e a vida corra sem surpresas, vença o comodismo e reserve alguns minutos para pensar, meditar e agradecer.

Quanto melhor a meditação, mais esclarecimento, tranquilidade e fé você tem.

O mundo cabe dentro do seu pensamento.

A sua alma cresce toda vez que você cresce nos pensamentos.

126

05/Mai

Governe as preocupações.

Não deixe uma preocupação governar você, acabar com seu sono e seu apetite, alterar os batimentos do seu coração.

Ante um assunto preocupante, tenha ânimo. Veja a si mesmo com forças para manter um padrão de vida equilibrado, podendo sair-se bem nas questões difíceis, tendo um recurso máximo sempre à mão: a oração e o infalível atendimento de Deus.

As preocupações, sob controle, são benéficas. Exercitam as esperanças, os conhecimentos e sentimentos, desenvolvendo a sabedoria e a presença de espírito.

Governar as preocupações é pôr a paz dentro de si.

06/Mai

Selecione os pensamentos.

Não é possível ter paz interior sem examinar-se o que se pensa.

Exerça um controle no que deve pensar, pois dos pensamentos resultam substâncias cerebrais que favorecem ou desfavorecem o seu corpo e toda a sua vida.

Não se prejudique, pensando no que contém violência, desânimo, fracasso ou egoísmo. Antes, pelo contrário, volte-se para o que agrada, progride, beneficia a você e aos outros.

Nem todos os pensamentos merecem passar por você.

Quando você seleciona o que pensa, a vida também seleciona para você o que há de melhor.

128

07/Mai

Não manche o espírito.

Assim como não se deve manchar ou tatuar o corpo, não se deve manchar ou agravar o espírito com maldade, mágoa, egoísmo, desesperança.

A vida corre tranquila, e tudo é bom quando se preserva a consciência e tem-se uma meta, uma direção. Mas, basta um desvio, um mau pensamento para forçar você a uma correção às vezes difícil.

Com a alma limpa, você tem livres as estradas da vida, as dificuldades nada são e o futuro é sempre de alegrias.

Faça brilhar o seu espírito.

A sua pureza interior brilha diante de Deus e lhe faz feliz.

08/Mai

Mãe! O amor que Deus colocou no teu coração é o maior da Terra, é o amor da vida, o amor-vida.

Esse amor-vida vibra quando os teus filhos se alegram, sofre quando se machucam ou tomam mau caminho. Ele silencia para não os prejudicar; espera, se estão ausentes; compreende, para ajudá-los; e renuncia, para lhes dar a vez de aparecer.

Uma vez que o teu amor é o amor da vida, ele traz marcas de infinitude e não se acaba nem mesmo quando no Além estás tu ou os teus filhos.

Mãe, amamos-te.

Que Deus te abençoe pelos tempos afora.

130

09/Mai

Não tenha medo. Nem do futuro, nem do presente.

Esse medo, agasalhado, é fantasma na alma a impedir o progresso, a ação construtiva.

Uma faísca desse medo é, dentro de você, como uma sujeira dentro de um relógio, um parafuso solto numa engrenagem ou uma pedra na estrada.

A coragem, a confiança em si, em Deus e na vida, ao contrário, abrem os seus caminhos e dão-lhe paz.

Enfrente os problemas e enxergue a si mesmo com firmeza, com disposição para vencer na vida.

Nada há a temer.

A vida sorri para as pessoas corajosas.

10/Mai

Enquanto tiver forças, lute.

Não se entregue.

Desistir antes da hora, deixar de dar a sua contribuição, fugir de compromissos é perder a oportunidade de treinar a sua capacidade e de engrandecer-se.

Se você não exercita o que é e o que tem, como vencer na vida?

Ponha em ação o seu vigor e inteligência, mesmo que tudo se afigure enrolado e sem solução. Ajunte as energias, os pensamentos dinâmicos, a vontade de chegar a bom termo e mãos à obra!

Forças usadas são forças renovadas. Sabendo que pode, você tem mais paz.

Deus aumenta em você as forças que você usa.

132

11/Mai

Busque a paz de Deus.

Uma paz que seja profunda e aquecedora. A paz divina que mencionou o Senhor Jesus o mundo não poder dar.

A paz de Deus é também sua.

Ela pode estar dentro de você, agora. Basta você pensar, que ela vem. Então, veja-a chegando e tomando conta do seu coração. Sinta-a presente, reconfortante, em todo o seu ser, até nas menores veias.

Confie que está recebendo e receberá, pois, quando o coração vibra, a alma se encanta.

Deus, amoroso, amplia o que de bom está no seu coração.

Nada neste mundo se compara à paz de Deus.

12/Mai
133

Envie cartas mentais.

Uma carta que contenha amor, diminua ódios em quem a recebe e solucione problemas.

A sua boa intenção também realiza elevados objetivos. Como as cartas, que vão pelos correios, os seus bons pensamentos vão pela mentalização ou até por simples olhares, gestos ou palavras.

Como toda carta que pede resposta, os seus pensamentos pedem resposta aos outros. Então, se você manda coisas boas, recebe-as de volta, quase sempre aumentadas, poucas vezes diminuídas.

Pense positivamente.

Um pensamento positivo é uma boa carta mental.

134

13/Mai

Tenha alta consideração por si mesmo.

Você tem um grande bem-estar íntimo, quando se considera em alto grau.

O seu pensamento de consideração vai às raízes do seu ser, ao seu EU e lá se funde com a divindade inerente a você. A divindade, então, abre-se, expande-se, emite raios, vibrações, e isso é o seu bem-estar.

A faísca de sua alta consideração ateia fogo no seu divino combustível.

Mande só boas fagulhas para o seu interior.

A alta consideração por si mesmo é uma alta consideração por Deus.

14/Mai

Seja solidário.

Deixe-se tocar pelo sofrimento alheio. Considere que pode acontecer com você o que acontece com os outros e que você não gostaria fossem eles indiferentes a você.

Se você dá aos outros o que é bom para eles, por uma tendência natural, recebe ondas positivas em retribuição. Essas chegam vivas ao seu coração e à sua mente, favorecem a sua vida em tudo e mostram-lhe caminhos, veios e sinais de felicidade.

Jamais deixe que o mal apareça dentro de você.

Nas mãos dos outros está uma parte da sua felicidade.

136

15/Mai

Tenha uma esperança alta, concreta, inabalável.

Não deixe que pairem dúvidas sobre a sua esperança.

Quando você titubeia e permite dúvidas sobre a sua esperança, esta, por ser tênue, torna-se uma pena que cai, uma pluma ao sabor do vento.

Jamais permita que a leve pena da esperança toque o chão. Mantenha-a bem no alto, segurando-a com o sopro do seu otimismo, na firme convicção de que a sua vida lhe foi entregue por Deus para ser vivida com alegria e prosperidade.

Conserve firme a esperança.

A esperança, depois de acostumada no alto, ali se mantém por si mesma.

16/Mai

137

Toque a vida para a frente.

Você não precisa estar a todo momento pedindo ajuda, como se a sua mente estivesse numa cadeira de rodas.

Você tem forças próprias para levar-se avante. É você um gerador de oportunidades, de realizações incontáveis e de levantamentos nas quedas, mesmo que parta do zero.

Olhe para a sua potência interior, ponha-se a acreditar no que pensa, assente as bases do seu amanhã e, se vierem, agradeça os apoios.

Se a sua vida não anda por conta própria, empurre-a.

Para quem realmente quer, não há barreiras intransponíveis.

138

17/Mai

Disponha-se a mudar.

Não permaneça por longo tempo endurecido, enrijecido nas velhas ideias que até hoje não lhe deram tranquilidade ou esperanças.

Mantê-las é permanecer nas estagnações e cultivar insucessos.

Decida-se, agora, a ser uma pessoa aberta a mudanças. Acate, sem resistências, pensamentos novos, arejados, construtivos.

Veja o exemplo da água, que muda do estado sólido para o líquido e desse para o gasoso, mantendo inalteradas as suas qualidades.

Não tenha medo de mudar.

Mesmo em nova postura mental, você não deixa de ser o que é.

18/Mai

139

Melhore a si mesmo.

O íntimo agradece as transformações positivas que recebe, a paz encontra um lugar novo para se estabelecer, a alegria se aprofunda e, de repente, aparecem-lhe novos horizontes.

Mude para melhor.

Entre as mudanças, faça a de compreender melhor os outros, a de não continuar se opondo ao que já passou, a de ter disposição para aprender, a de ser paciente nas esperas, a de ver o lado positivo de tudo e a de deixar que as coisas fluam normalmente.

Melhorar-se é demonstrar amor a Deus e a si mesmo.

140

19/Mai

Renove-se.

Hoje, agora, abra o seu coração e deixe entrar em você uma nova luz, uma nova paz, uma nova esperança. Sacuda o seu espírito, as velhas concepções e preencha-se de um desejo de renovação, paz e elevação.

Aplaine o seu caminho interno para que novas descobertas e conquistas encontrem trânsito livre, deixando-lhe, de saldo, a vontade de abraçar o mundo e de amar a Deus.

Então, esteja, internamente, neste instante, com um frescor de mata virgem, onde uma luz afasta as sombras e proporciona liberdade e paz.

Renovar-se é dispor-se a ser, agora, melhor que antes.

20/Mai

O perdão alivia.

Quando perdoa, você retira do seu coração um peso inútil.

Para perdoar, considere que há muita ignorância no mundo e que você não está disposto a carregar uma. A pessoa que ofende maltrata, infelicita e não sabe, efetivamente, o que está fazendo.

Deus, o tempo e a vida nunca falham nas providências para com quem ofende você.

O perdão, o "deixa pra lá" não se refere apenas às grandes ofensas, às traumáticas, mas até às pequeninas, às do dia a dia, que também machucam.

Acalme-se com o perdão.

Quem perdoa livra-se de ingerir o veneno da mágoa.

142

21/Mai

Entenda.

Deixe a sabedoria entrar em você. Não cultue a ignorância.

A ignorância faz ser pálido o mundo e desnecessária a verdade, tornando a felicidade uma fantasia e o bom futuro uma quimera, uma ilusão.

Acolher a ignorância é, no fundo, rechaçar o pensamento positivo, não reconhecer força na esperança e crer que nem todos os problemas merecem solução, que o principal é gozar a vida, que fazer o bem é perder tempo e que nada resta após a morte.

Seja uma pessoa sábia.

A sabedoria entra quando você lhe abre as portas.

22/Mai 143

Esteja com Deus.

Tudo tem significado, quando você está com Deus.

Uma flor que se abre, uma relva verde, uma folha soprada pelo vento, uma árvore seca ou isolada no meio do campo, uma nuvem que passa, o sol que brilha ou se esconde no horizonte, as águas mansas ou em rebuliço, tudo lhe diz alguma coisa, toca seu coração, exemplifica, tem novo valor.

E com as pessoas, então?

Seus olhares, sorrisos, gestos e palavras adquirem sentidos de beleza e esperança, e você melhor as entende, se está com Deus.

Com Deus tudo é bom.

Viver com Deus é sentir a vida como se deve.

144

23/Mai

Dê chance ao seu coração.

Não maltrate o seu coração com ira, ressentimento, impaciência, ganância.

Ele não merece isso.

Dê oportunidade a ele para que experimente emoções suaves, tranquilizadoras, elevadas. Não o massacre com as mesmas manias de sempre.

Pense antes de agir, tenha paciência, creia na solução dos problemas, compreenda os outros e veja o que fazem pelos olhos deles. E assim desafogue o coração.

Não se irrite se as coisas não saem como você quer.

O seu coração fica feliz quando você o trata bem.

24/Mai

145

Tenha fé.

Uma forte fé, nascida da certeza de que Deus sempre atende a você.

A fé, quando entra em você, provoca fortes ânimos que, se não fosse ela, não apareceriam.

Tocando por dentro, no mais fundo, no EU, a fé anula as suas hesitações, medos, angústias, dinamiza o que há de bom e faz a sua mente produzir ondas que percorrem o universo, tocam a Deus e captam benefícios a seu favor e a favor dos outros.

Veja-se, então, agora mesmo, com proteção divina e considere que nada lhe falta.

A fé, quando entra no seu coração, ali põe a felicidade.

146

25/Mai

Enfrente.

Ante as incertezas, adquira certezas que as anule; ante a frivolidade, a banalização dos costumes, imponha a firmeza moral; ante as questões que lhe atordoam o espírito, reforce as esperanças; ante o desamor que o cerca, empregue compaixão; e, em tudo, conserve-se no comando de si mesmo.

Resista ao que é negativo ou destrutivo e não crie atrapalhos à própria vida.

O importante é confiar em si mesmo. O mais, merecendo, Deus lhe dá.

Quando você enfrenta os obstáculos para valer, todo mal perde força sobre você.

26/Mai

Muito você pode fazer.

Não são poucas as obras, benefícios e progressos que você pode realizar.

Como são incontáveis as suas inteligências e capacidades, o produto delas, os resultados são também incontáveis.

Acredite.

Para ter bons resultados, dê uma olhada para dentro de si, pense em Deus, adquira confiança e vá à luta. Se quer realizar algo e, de início, não crê ser capaz, isso faz com que lhe escapem o preparo e a coragem, necessários ao final bem-sucedido.

Quando você acredita que pode fazer, as coisas ficam fáceis.

148

27/Mai

Lute.

A luta, o esforço, a vontade de vencer e de fazer prevalecer a vontade são necessidades de evolução. Pois, para que você existe, senão para crescer sempre?

Você não nasceu para ser uma pessoa inerte, parada, *sem sal ou açúcar*, incapaz de dar passos a frente e conquistar melhor consciência, conforto e paz. Você nasceu, sim, para ser ação, para ser uma luz no mundo, uma fragrância agradável, uma beleza no olhar, falar e sorrir, um amor, um ponto de apoio para os outros.

A sua luta é santa.

A boa luta faz de você um ponto de referência para os outros.

28/Mai

Queira o bem dos outros.

Dê importante lugar aos outros na sua vida. Não deseje a eles o que não quer para si, faça como ensinou Jesus.

Os outros são pontos de apoio, observação e trabalho para você progredir e ser feliz. Quando você lhes deseja um bem, esse bem passa a existir primeiro dentro de você e, depois, neles. Por isso, os que mais desejam o bem aos outros são os mais felizes.

Não meça esforços para ser útil. O seu esforço é agradável a Deus, pois estão interligados você, os outros e Deus.

O que você faz aos outros a si mesmo faz.

150

29/Mai

Vá às causas.

É importante ir à causa do mal para combater o efeito.

Se você tem o coração abalado, os problemas agravados e um forte desânimo, vá em busca do *porquê*, do *como* e do *quando* tudo começou.

Com calma, volte-se às origens. Talvez tenha acontecido uma desavença, uma impaciência, uma reposta inadequada, algo descumprido ou outra coisa que só você pode descobrir.

Ao achar a causa, surge-lhe, como consequência natural, a maneira certa de agir no futuro, e isso é avanço significativo.

Quando um erro é descoberto, melhor se consegue fazer o certo.

30/Mai

151

Crie o ânimo.

O ânimo nasce e se expande quando se crê que a meta buscada vale os esforços.

Se alguém constrói uma casa que espera lhe ser útil e agradável, o pensamento de útil e agradável serve-lhe de estímulo para os esforços em levá-la adiante e embelezá-la até nos mínimos detalhes. Mas, é evidente que perde os estímulos, se a imagina inútil e desagradável.

Então, o que pensar da construção da própria vida? Não é nela que estão as maiores alegrias? Não vale todos os esforços?

Tenha ânimo.

O ânimo é a fonte de uma vida feliz.

152

31/Mai

Você pode mais que as circunstâncias.

As circunstâncias são ora uma coisa, ora outra; ora algo que lhe pede atenção, ora o inesperado, e assim por diante.

Mas, as circunstâncias não têm o poder de levar você aonde não quer ir, como um papel ao vento. Mesmo no maior redemoinho, nos momentos de grande dor ou dificuldade, você pode dirigir-se e buscar soluções diferentes das que lhe sugerem as circunstâncias e os meios a seu dispor.

Você conduz a si mesmo.

O mais importante não são as circunstâncias, mas o que você faz com as circunstâncias.

153

01/Jun

A força interior é felicidade.

A sua força interior mexe mundos, traça-lhe rumos e caminhos, dá-lhe alegrias vibrantes, firmes esperanças, belas visões do amanhã, infinita paz e dias felizes para sempre.

A sua força interior tem raízes em Deus; e, como Deus é infinito, ela não tem limites. Quanto mais nela você trabalha e espera, mais ela corresponde e cresce. Basta um pensamento de confiança, uma esperança, um lampejo de vitória, para que a força se converta em alegrias, paz e amor.

Use a força interior.

A força interior é o ímã das bênçãos divinas.

154

02/Jun

Uma pequena pedra lhe parece uma montanha?

Você pode ver uma montanha no que é apenas um pedregulho ou ver um pedregulho no que é uma montanha.

Assim são os problemas.

Se um grande problema você considera um nada, assim ele se torna. E, se é insignificante, mas você o acha enorme, ele se transforma.

Então, diante das dificuldades, pense: "Tenho forças para deixar minúscula esta dificuldade e jamais a farei ser uma montanha intransponível para mim".

A pedra que diminui de tamanho não faz você tropeçar ou cair.

155

03/Jun

Não se arqueie ao *peso da vida*.

Não se deixe dobrar, dominar, diante do chamado *peso da vida*, o qual peso mesmo não é. Se algo lhe sacode o espírito, não se considere pessoa vencida, derrotada. Pois, se derrotado está, como seguir para a frente?

Para modificar o que se apresenta, erguer-se, pôr-se de pé, vencer, reúna pensamentos de força, progresso e ânimo, que, articulados com as bênçãos de Deus, demovam, arrastem e joguem longe os entraves que pareciam ser intransponíveis.

Reduza as dificuldades.

Um peso não é nada para uma força que fácil o levanta.

156

04/Jun

Passe o dia com otimismo.

Este dia não será igual aos outros. Neste, há outros raios de sol, outras experiências, outras ideias que você deve aproveitar.

O dia está à sua disposição e em tudo depende de você.

Se você crê ser este dia de oportunidades, progresso e alegrias, terá como resultado realizações, simpatias e sorrisos.

Aproveite este dia e seja otimista.

O seu otimismo é a felicidade em ação, uma felicidade que afasta as contrariedades, até mesmo as que poderiam vir.

Você vê o poder do otimismo quando o pratica.

157

05/Jun

Abra a alma para o ânimo.

Não permita, por nenhum motivo, que o desânimo domine este seu dia.

Se pensar, principalmente nos primeiros instantes, que o dia será penoso, desagradável, isso será igual a chamar a dificuldade para perto de você. Mas, se crer que nada poderá fazê-lo triste ou infeliz, colocará o coração a salvo de tormentos.

Os dias não têm mesmo que ser vividos? Então, por que entregar-se ao que infelicita?

Não perca a chance de ser feliz.

A felicidade de um instante fica gravada parà sempre no coração.

158

06/Jun

Preencha o coração com esperança.

Não apenas com faíscas ou retalhos, mas com esperança valente, talentosa, completa.

O seu coração agradece os jatos de esperança que recebe de sua mente. Assim como uma bateria recebe carga do gerador, esses jatos são energias de vida para o coração.

Ao receber o pensamento de esperança, o coração vibra calmo, desafoga-se, liberta-se de pressões e transforma o fluxo mental em contentamento e paz.

Quanto maior o fluxo, melhor o resultado.

A bateria do coração jamais se torna imprestável.

07/Jun

Dê carinho à vida.

A vida tem regras a serem seguidas, e não é com socos e pontapés que se deve tratá-la.

O bem-estar, a felicidade exige bom trato, delicadeza. São eles como os recantos das estradas, onde há sombra e água fresca. Se se estragar o recanto, prejudica-se o já cansado viajor.

Não é com nervosismo, primitivismo, forte materialismo, sexualidade exagerada ou desrespeito aos outros que se recebem bons tratos da vida. Ela, maltratada, devolve as agressões na forma de sofrimentos e corrigendas.

A vida transforma em amor a você o carinho que de você recebe.

160

08/Jun

Acerte na vida.

Assim como numa ligação telefônica é preciso discar os números certos, é preciso na vida *discar* corretamente os *números* do bem-estar material e espiritual.

Assim, para *discar* o *número* do progresso, use a esperança; para o da saúde, veja-se são da cabeça aos pés; para o do bem-estar interior, ame a Deus e ao próximo como a si mesmo.

Se *discar* os números errados, ou seja, usar de pessimismo e maldades, a sua ligação cai na *central* das infelicidades, e tudo fica ruim.

Acertando-se nos pensamentos, acerta-se na vida por inteiro.

09/Jun

Tente ser feliz.

Como chegar ao sucesso sem tentar? Como nadar sem dar braçadas na água?

Se mesmo um êxito secundário, comum exige começo e persistência, é fácil deduzir que, para o sucesso no principal, na consciência, na mente e no coração, é muito necessário querer, esforçar-se, *dar braçadas*, com a garra de um nadador que anseia chegar ao outro lado do rio.

Para você fazer crescer a alma, acredite que *pode* e que *deve* e embrenhe-se no pensar positivo, no sentir elevado, adotando posturas e práticas que conduzam à felicidade.

A sua felicidade está nas suas mãos.

162

10/Jun

O bom da vida está dentro de você.

Não está em outro lugar.

Você sente vontade de se descobrir, quando vê que tem dentro de si o melhor que existe.

Não é assim com as coisas em geral? Quem acha que é bom o comércio não tende a ser comerciante?

Bem dentro de você, no seu coração, mente e espírito, está um oceano de felicidade. Aprecie-o e nele navegue aos ventos da sabedoria, paz e esperança.

Conheça o bom da vida.

Não meça esforços para navegar no oceano de felicidade que há dentro de você.

11/Jun

Tenha consideração por todos.

Faz bem ao seu coração a consideração que você dispensa a uma pessoa.

Evite o mau juízo.

Para tudo o que diz respeito a terceiros, use palavras de elogio ou faça silêncio.

Se tiver mesmo que reprovar a conduta dos outros, amenize os ataques, o tamanho da censura, pensando no que faria se estivesse no lugar deles.

Desejar o bem para o próximo é atrair esse bem para si mesmo, pois, quando você pensa no bem alheio, esse bem já entra no seu próprio coração.

O lado bom que você vê nos outros é também o seu lado bom.

164

12/Jun

Use a força do amor.

O amor é força viva no seu interior, é poder de realização, de construção, de elevação. Até os astros, no espaço infinito, atraem-se, giram em torno uns dos outros e, em conjunto, formam colossal harmonia.

O amor é a chave da vida abundante.

O amor, ao sair de você, deixa-lhe fragrâncias e sinais internos agradáveis. São marcas que ficam, como ocorre, no plano externo, com o perfume nas mãos dos que tocam as flores.

Ame o mais que puder.

Ao amar os outros é a si mesmo que você está amando.

13/Jun

Deus faz a parte dEle.

Na vida, você faz bem a sua parte quando se ocupa do que é bom e útil para você e para os outros.

Mas, Deus também faz a parte dEle. Melhora, em oculto, o que em você e para você pode ser melhorado, surpreende-o com oportunidades, orienta-o nos problemas, aumenta as alegrias do seu espírito e as belezas do seu viver.

Sem que você perceba, há uma mão a sustentá-lo, uma luz a iluminar a estrada onde você põe os pés.

Lembre-se de Deus.

Na construção da sua felicidade, Deus faz a parte maior.

166

14/Jun

Acalme o coração.

Se o seu coração está a ponto de pular do peito, acalme-o.

Ainda que muito lhe custe, afirme: **A calma está no meu coração.**

A calma aparece à medida que você se convence de que a tem. Ao ir se convencendo de que ela está chegando, os sentimentos violentos vão deixando um lugar que por ela é ocupado. Daí ser necessário repetir, repetir, repetir, para que a serenidade se imponha.

Dê um tempo para que o seu coração se aquiete e aceite a ordem de paz que você lhe manda.

Tranquilize-se.

A agitação vai embora quando chegam os pensamentos de paz.

15/Jun

167

Você pode ser cada vez melhor.

Para conseguir uma forte convicção de que pode dirigir a vida com real proveito, ter êxitos amplos e ser feliz em profundidade, comece já, com vigor, a tudo ver com esperança e bons olhos.

Diga, o quanto for necessário, que está com vastas condições de progresso, que não vê perigos pela frente, que o mundo lhe é grande amigo e que pode impor a si mesmo um ritmo de alegria e paz.

Não se canse de trabalhar para ser melhor.

Ao adquirir a crença de que pode ser melhor, você já está sendo melhor.

168

16/Jun

O bom pensamento cicatriza as feridas do coração.

Os bons pensamentos, como o perdão, a esperança, a fé em Deus, a confiança em si, têm o poder de extinguir os sofrimentos.

Se o problema for a raiva, a revolta, o ódio, pense com amor que eles perdem força e desaparecem; se for a inveja, a vaidade, o orgulho, imagine o tanto que são inúteis para o seu futuro e assim os afugentará; se for um problema atormentador, agradeça a experiência que ele lhe dá e pense em Deus, que mais à frente dele só restará vaga lembrança.

O bom pensamento é o remédio do coração.

169

17/Jun

Dá para ser feliz.

Há sempre uma brecha, um meio, um espaço por onde deixar a felicidade entrar.

Adote pensamentos que façam luz dentro de você e tragam-lhe um perfeito bem-estar. Veja em tudo um ensinamento, uma ajuda; controle impulsos violentos ou maldosos; olhe-se com apreço; agradeça sempre.

Esse é um trabalho que você pode realizar, sem dar chances ao desânimo e às negatividades.

Reserve um cantinho para a felicidade dentro de você.

Deus quer que você seja feliz por força própria.

170

18/Jun

Deus é todo amor.

Quando você põe Deus no coração, uma elevação lhe vem.

Ao pensar nEle, uma energia nova penetra você e realiza uma faxina completa. Essa energia espalha-se pelo seu coração, mente e espírito, melhora o presente, a expectativa quanto ao futuro e converte-se numa *esponja* ou *mata-borrão* que lhe absorve os sofrimentos.

Deus, que está no firmamento ou nas águas do mar, é o mesmo que está em você.

Ame a Deus.

O amor de Deus no coração soluciona tudo.

19/Jun

O amor é a suprema força.

Tudo melhora para quem se deixa tocar pelo amor, pois o mundo exterior – aquele que se vê e no qual se anda – nada mais é do que uma projeção do mundo interior aquele em que você pensa e sente.

Comece já a adotar ideias amorosas, a ver o mundo com tolerância, a apreciar o aspecto bom das pessoas e a se ver com meiguice e prazer.

Ame.

O amor abre as portas do coração para a felicidade.

Se o ser humano fosse um foguete, a inteligência seria a sua base de lançamento, e o amor, o combustível para levá-lo aos céus.

172

20/Jun

Hoje, desde as primeiras horas, manifeste com profunda convicção:

Vou aproveitar este dia para treinar o meu pensamento. Serei positivo e não desperdiçarei um só minuto de hoje. De fato, este é um dia ótimo.

E, sempre que se lembrar, renove essa certeza, para que ela mais se aprofunde e o alegre. O que você aceita e repete toma corpo, agiganta-se e aparece na sua conduta.

Se você tem este dia como ótimo, excelente, ele já o é para você.

O seu dia presta obediência ao que você pensa.

21/Jun

173

O sofrimento desperta.

Se, por um lado, constrange, por outro, faz pensar e progredir à força.

Mas, não espere por ele.

Descubra, por iniciativa própria, a presença de Deus e os caminhos da felicidade.

Tenha ternura nos pensamentos e encontre beleza e sentido em tudo: no dia que passa, no sol, na chuva, na noite, num encontro, num olhar, num aperto de mão, até numa folha ao vento.

Abra os olhos à verdade, ao bem, à esperança e cresça mesmo sem sofrer.

Maior mérito tem quem não espera sofrer para aprender a viver.

174

22/Jun

Não pense que dá muito ao mundo e dele pouco recebe *em troca*.

Faça a sua parte. Não concorra com o mundo.

Ponha mãos à obra, levante o olhar, pense que já tem dentro de si o mais importante e não se coloque perante o mundo como se fosse vítima dele ou como se ele tivesse a obrigação de ser como você queria que fosse.

Tome por certo que o seu futuro está garantido, que a sua paz é permanente e que muito pode dar aos outros em ideias, companheirismo e ânimo.

A melhor *troca* com o mundo é ver que as outras pessoas são iguais a você.

175

23/Jun

Cultive a paz interior.

Mesmo que, por fora, você tenha intensa atividade, mantenha a paz por dentro.

Atividade não é justificativa para esvaziamento da paz, para deixar que ela se vá.

Mantenha a paz, com ou sem trabalho.

Nunca se justifique, achando que, por trabalhar muito, não pode ter paz. O que tira a paz não é o trabalho, mas a forma como se trabalha, os pensamentos negativos usados ao trabalhar.

Aproveite a sua atividade e converta-a em permanente alegria.

Há pessoas que muito fazem e são muito felizes, e outras que nada fazem e são infelizes.

176 24/Jun

Você e a natureza.

Como um riacho cristalino que desce a montanha e corre na planície, assim é a sua inteligência. Como as flores lindas e perfumadas, assim são as suas qualidades, a se distinguirem umas das outras. Como as árvores de frutos saborosos ou as nuvens de chuvas generosas, assim são os seus sonhos a se concretizarem em boas coisas. E, como o sol, assim é a vida dentro de você.

Vida e significado, por fora e por dentro de você.

A beleza da natureza é ínfima perto da beleza que há dentro de você.

25/Jun

Não sofra ao ajudar os outros.

Ajudar desinteressadamente é atitude dos grandes de espírito. Os pequenos vivem a reclamar pagamentos e recompensas, na base do "eu lhe dou e você *tem* que me dar". E isso, às vezes, dói, por força da ingratidão.

Considere-se com riqueza interior para distribuir benefícios e alegrias e mais dessa riqueza terá.

Quanto mais você dá de si, mais tem para dar, pois o amor, ao ser exercido, cresce e produz a felicidade.

Essa é a lei de Deus.

A semente que se deixa consumir na terra volta multiplicada nos frutos.

178

26/Jun

Sinta a proteção divina.

A proteção humana é falha e trata de coisas. A divina é perfeita e trata de tudo. Vai às raízes, ao âmago, ao abrigo mais íntimo. Diz respeito ao longínquo passado, manifesta-se no presente e vai ao futuro infinito. Abrange tudo – o corpo, a mente, a alma.

Em todo instante, sinta-se sob uma grande proteção e não permita que o coração mergulhe em sombras ou tristezas. Alimente-se de pensamentos vigorosos, construtivos, bondosos e veja-se cada vez melhor, com mais oportunidades de lutar e ser feliz.

Quem está com Deus nada tem a temer.

27/Jun

A vida faz por você o que pode. O resto é por sua conta e risco.

A vida vem a você para ajudá-lo e apresenta-se tal como é. Compete a você dela fazer um êxito ou um fracasso.

Use o poder de sua imaginação e sentimento e dê à vida condições para ajudar você. Não são as dificuldades que o impedem de dar a ela os meios, mas as suas descrenças e inércias.

Ame a vida.

Seja pessoa positiva, forte e valorosa, e a vida lhe será agradável, leve e benéfica.

A vida corresponde aos pensamentos que você tem.

180

28/Jun

A vida é uma festa, não um velório.

Não tome tudo no aspecto pesado, sério, como se só houvesse o que é grave e triste.

Veja a vida com alegria, brandura e procure um lado bom, um ensinamento, um motivo para agradecer. A forma branda, descontraída, alegre, esperançosa faz bem ao coração. O jeito cismado, melancólico, nervoso afasta as facilidades, causa doenças e constrange os nervos, a face, os raciocínios.

Não se aflija com os problemas. A vida é festa, é banquete, é de coisas boas.

É preciso ser digno numa festa onde Deus é o anfitrião.

29/Jun

181

Festeje a força de progresso que está dentro de você.

Não é por ser de poucas posses ou possibilidades que você tem de ser sempre pobre ou infeliz.

A semente, mesmo pequenina, transforma-se no seio da terra, desdobra-se, rompe obstáculos à procura da luz e alcança grandes proporções, chegando a ser árvore frondosa. Também dentro de você há uma semente de vida, expansão e beleza, aguardando a hora de mostrar do que é capaz.

Creia na força da sua semente interior e verá os prodígios que ela faz.

A força do progresso é energia que Deus lhe deu para ser feliz.

182

30/Jun

Não fuja da realidade.

A realidade é o lugar do progresso, das realizações. Enquanto as ideias são apenas sonhos, aspirações, elas não geram a felicidade porque ainda não podem mostrar as forças.

Só no concreto é que você, de fato, se realiza.

Assim como uma criança só pode ser pessoa completa após ter nascido, as ideias, os sonhos, as aspirações necessitam "nascer" para a realidade e passar pelo "parto" da ação.

Mostre na realidade do que você é capaz.

A felicidade é o sonho positivo que se faz real.

183

01/Jul

Você vencerá.

Por que desanimar e deixar de receber os grandes benefícios do futuro?

Lute como os alpinistas que enfrentam grandes dificuldades e colocam a bandeira no topo do monte. Seja como quem se arranca da margem do riacho e, por uma corda – que é o seu próprio ânimo – sobe no penedo, beirando as pedras – que são os problemas – e chega ao alto, onde respira em paz, cumprindo seu objetivo. Ao subir, você prova em si mesmo que possui força para vencer os obstáculos.

Avance.

Cada esforço seu é uma vitória.

184

02/Jul

Disponha-se a ser positivo.

Uma grande transformação ocorre dentro de você, quando você se dispõe a ser positivo.

Mediante as forças poderosas do pensar positivo o seu ser se agita por completo, comove-se, tal como uma criança no ventre da mãe, e irrompem as melhorias, o progresso, a paz.

Decida-se.

Ao pensar positivo, você entra no "ventre" de Deus, fortalece-se contra o mal e acerta no que é saudável e correto.

Pense alto, confie em você e terá alegrias diárias.

Quando você se dispõe a ser melhor, a vida se apressa em ajudá-lo.

03/Jul

185

Não dê vez à inquietação. Nem chance de ela se instalar.

Quando uma se instala, atrai outras. Por isso, quem não vence uma quase sempre acumula várias.

Não é inquietação o simples pensar no que fazer, nas providências comuns, mas o que altera os nervos e impede de ver solução para os problemas.

Considere-se amparado por Deus, com bom encaminhamento de vida, em paz com todos e com tudo, e terá forças para vencer dificuldades e viver alegre.

Quanto mais forte você é, menor a inquietação.

A fé em Deus é constante calma da alma.

186

04/Jul

Sinta a bondade em você.

Há uma bondade infinita dentro de você, aguardando a oportunidade de se manifestar. Ela está em essência, mas é viva e pulsante.

Para que saia do casulo – como a borboleta sai da lagarta – e apareça no real, no concreto, deve ser descoberta, valorizada e, se preciso, *puxada* para fora, arrastada pela força do pensamento positivo.

E disso você é capaz.

Imagine poder amar mais e fazer o bem e verá a bondade latente manifestar-se concretamente, deixando-lhe em feliz estado de alma.

Quando você quer ser bom, a bondade aparece.

05/Jul

Continue no positivo.

Para fazer uma boa construção, você precisa ajuntar os materiais: a areia, o tijolo, o cimento, até o final.

Também a construção dos seus dias e da sua vida por inteiro merece continuidade e persistência no pensar positivo, para chegar à felicidade.

Toda vez que usa de um bom pensamento ou de um desejo de ser bem-sucedido, você se reforça interiormente, dá importante passo à frente e supera sentimentos de incômodo, de infelicidade.

Não desista de pensar positivo.

Como as folhas das árvores adubam a terra, os pensamentos positivos adubam a felicidade.

188

06/Jul

O seu coração tem poder.

Ele transforma em sentimentos os pensamentos que você tem.

É assim: os pensamentos de altruísmo tornam-se alegres ideais; os de esperança convertem-se em suaves seguranças internas; os de ânimo, em agradável força de ação; os de fé, em vibrações de alegria; e, os de paz, em calmantes do corpo e do espírito.

O poder de transformação de seu coração é infinito. Ele torna sensível o que você imagina, faz repercutir dentro de você o que engendra o seu pensamento.

Quanto maiores as forças positivas da mente, mais alegrias no coração.

07/Jul

Endireite a vida.

Não custa gastar alguns minutos para pensar no que fez, no que faz, no jeito como vem tratando os problemas e assinalar os erros.

No agora, decida o amanhã.

Se errou ou vem errando, arrependa-se. Não deseje continuar como era antes.

O espírito de mudança real e verdadeira deve estar dentro de você e acender a luz que você vem apagando, levantar a paz que você vem deixando cair e dar reforço de alegria ao seu coração.

Você cresce quando reconhece os seus erros e olha para a frente com otimismo.

190

08/Jul

A condição de "estar bem" e a de "estar mal" provêm da disciplina dos pensamentos, e não do fato de você ter ou não problemas.

A mente é a base.

A disciplina mental se alimenta da convicção de estar sob a proteção de Deus, de estar amparada, de nada haver a temer.

Não são as condições externas, as circunstâncias, as posses que dão as sensações de "estar mal" e "estar bem".

Mesmo diante de lutas e tempestades, afirme "estar bem", para que assim fique.

Você está bem quando se convence de que nada lhe falta para "estar bem".

09/Jul

Faça deste o melhor dos dias. Não o desperdice.

O dia, como tudo o mais, acompanha o que você pensa.

Logo cedo, tenha simpatia pelo dia e deseje que ele seja o melhor de todos. Isso atrai para você tanta positividade, esperança e poder de ação, que nem sentirá as dificuldades.

Hoje, mais do que nunca, resista às ideias tristes, lute contra o mal e sinta o significado dos instantes que passam. Com a mente elevada, você se torna feliz sem notar.

O dia deve seguir o seu pensamento mais do que o seu pensamento deve seguir o dia.

192

10/Jul

Desempenhe um bom papel.

Para este dia ser maravilhoso, mostre nele as suas qualidades, com firmeza e com os olhos abertos para as coisas boas, os ideais, as esperanças.

É neste dia, melhor do que em todos os que passaram, que você desempenha o papel que lhe cabe e é feliz.

O dia é como um palco, onde atores representam peças. Mesmo num palco ruim, bons atores fazem bons papéis e, mesmo em palcos bons, maus atores fazem maus papéis. Então, este dia será para você o resultado do desempenho do seu papel.

Deus está na plateia vendo o papel que hoje você faz.

11/Jul

193

Pense bem.

Se você espera o que não tem chances de acontecer; se procura no lugar errado, na hora errada ou com a pessoa errada; se fica na dependência de coisas duvidosas, é natural que os seus planos não deem certo, a não ser fortuitamente.

Acertar depende de como se encaminham as coisas.

Use de pensamentos construtivos e não espere que a vida lhe dê aquilo que você não fez por merecer. Tal como numa lavoura, onde se colhe o que se planta, assim é o desenrolar da vida.

Pense acertadamente.

A vida é um par com quem se dança, sem poder pisar-lhe os pés.

194

12/Jul

O que prevalece dentro de você, agora?

Se for uma serenidade, paz, amor, esperança, tudo bem, prossiga. Se for uma ansiedade, temor, abatimento, é este o momento de reagir e buscar melhorias.

Os seus pensamentos influem externamente, mas influem ainda mais internamente, ocasionando sensações agradáveis, se você mantém visão otimista, ou desagradáveis, se se apega a raivas e desesperanças.

Procure mais motivos para se alegrar do que para se entristecer.

Quando prevalece o positivo, a felicidade aparece.

195

13/Jul

Chegou o dia de você proclamar: **Sou feliz**.

Hoje você pode olhar para dentro de si e ver que nada embaraça a sua felicidade. Pode colocar um basta em pensamentos como "não posso ser feliz com tantos problemas", "ninguém é feliz num mundo como este", "se me achar feliz estarei mentindo a mim mesmo", "nunca conseguirei ser feliz".

Afirme que você tem muitos motivos para ser feliz. Diga: "posso bem pensar, sentir e agir", "estou progredindo", "o dinheiro não me é tudo", "está nas minhas mãos ser feliz".

Quando você diz que é feliz, a felicidade aparece.

196

14/Jul

Amoleça o gênio e seja feliz.

Pessoas de gênio duro, inflexíveis, exigentes não podem ser felizes.

O gênio forte e exigente é um obstáculo à felicidade, porque a felicidade, para se assentar no coração, exige que se veja o comportamento alheio pelo lado da outra pessoa, e isso significa maleabilidade.

Estar pronto para ouvir opiniões divergentes, entender o que se passa no coração alheio é exigência básica da felicidade, é amor em operação, em atividade.

O mau gênio joga para longe a felicidade.

O gênio bom atrai a felicidade como um ímã atrai a limalha.

15/Jul 197

Cuide da sua psicologia.

Grandes equipes perdem disputas decisivas, ao enfrentarem torcidas adversárias, se não estão bem convencidas do seu valor.

O mesmo acontece na vida individual.

Como vencer a grande luta da vida, sem acreditar em si mesmo?

É acreditando em si mesmo que aparecem as condições de vitória. Os outros acreditam em você quando sentem o poder do seu olhar, da sua forma de falar e agir. Eles enfraquecem, quando o enfrentam e fortalecem-se, quando se aliam a você.

A confiança em si mesmo é o ponto básico para o progresso.

198

16/Jul

Acostume-se ao *sim*.

A mente acostuma-se ao que se lhe dá. Se você prefere dizer *não* quando pode dizer *sim* e vê mais os defeitos do que os acertos, o lado negativo cresce e dificulta-lhe aceitar as coisas como são.

Quando você diz *sim*, o seu mundo interior solta-se, alegra-se; quando você diz *não*, ele se fecha e lhe causa problemas.

O *sim* alivia, o *não* aperta.

O *sim* que você acostuma dizer à vida faz a vida dizer *sim* a você. Então, se possível, evite dizer: *não gosto, não quero, não vou, não tenho*.

Quando você se abre para a vida, ela se abre para você.

199

17/Jul

Não pense em ter um futuro ruim.

Nunca afirme: "não me é possível ser feliz", "nada de bom pode me acontecer", "o ruim sempre me aparece" e assim por diante.

Na mente presa ao negativo predominam as imagens de dificuldade sobre as de progresso e alegria. Então, afirme: "tenho forças para tudo vencer, e nada me prejudicará" e "é fácil as coisas boas virem até mim".

Quando voltada para a confiança, a calma, a esperança, a mente faz surgir o bem no que vai vir.

Pense positivamente.

O bom futuro é fruto do bom agir de hoje.

200

18/Jul

Seja alegre.

A pessoa triste anda de cabeça baixa, centrada em si mesma e não quer relacionamentos. A pessoa alegre, ao contrário, tem a cabeça levantada, olha ao longe o horizonte, sorri com facilidade e gosta das outras pessoas.

Uma quer distância das pessoas, e a outra, aproximação.

Então, mesmo que sinta alguma tristeza, confie em Deus, levante a cabeça, *saia* das preocupações, ponha o olhar no horizonte e faça aparecer um sorriso.

Você pode fazer isso.

É você, e não os problemas, que manda na sua alegria.

19/Jul

Controle a si mesmo.

Mesmo que os acontecimentos venham como tromba d'água, derrubando barreiras, tenha paciência e analise bem as coisas.

O minuto de controle é minuto aproveitado. Nele se esvaem os maus impulsos, o que livra você de sacrifícios.

Quem devolve uma ofensa recebida, como quem diz "eu dou o troco", ofende a si mesmo e a Deus.

Não se desgaste com raivas e ódios.

Como um dique que deve ser mais resistente que a força das águas, a sua paciência tem que ser mais forte que as ofensas.

202

20/Jul

Construa uma paz sem limites.

Pôr limites à paz é dar brecha para a intranquilidade entrar no coração.

Pense ser a sua paz profunda, inquebrável, e isso lhe será de grande valia.

Não é bom ir só até certo ponto, como quem diz: "se me tratam bem, tudo bem; mas, se pisam meu pé, viro bicho". É pôr um limite à paz considerar que se tem o "pé pisado".

Não se sinta ofendido, e a paz será mantida. Com ela, vem a alegria, a saúde, a esperança, o progresso.

A sua paz livra você dos perigos da vida.

203

21/Jul

Queira a alegria.

Querer a alegria é estar disposto a olhar o dia com aberturas, desejar o melhor aos outros, dar-lhes palavras boas, que os façam sorrir, tal como você também quer sorrir.

Para ter alegria, aceite os outros como são, não lhes imponha normas, se isso não for indispensável.

A alegria que você dá volta a você de várias maneiras, às vezes muito aumentada...

Ao querer ser alegre, você quer ser feliz; e, ao querer ser feliz, destrói o negativo que surja.

Queira ser alegre e assim o será.

A alegria é força de progresso e felicidade.

204

22/Jul

Confie em si mesmo.

Tudo é melhor quando você confia na sua inteligência, no seu sentimento, no seu poder de reconciliação.

Uma divergência grande apequena-se ou desaparece. As amizades crescem, um simples encontro tem significado e as palavras ganham importância. O que era problema até serve de ajuda.

Não espere os grandes enfrentamentos, as adversidades para confiar em si. Exercite a confiança a toda hora. Assim, se surgir uma grande dificuldade, você já estará preparado.

A confiança em si mesmo é força poderosa de paz, progresso e felicidade.

205

23/Jul

Desenvolva a esperança.

A esperança, para ser bem desenvolvida, precisa receber trato, boa visão das coisas, aceitação, crença.

Analise bem a vida, o suceder dos dias e das noites, a precariedade das coisas materiais e desenvolva uma esperança como alma eterna que você é. Um dia, todo o atual será passado.

Olhe-se agora com justiça, com ausência de ideias negativas. Passe por entre as sombras e as lutas, a caminho de uma vida espiritual de luz e paz, contente por estar entre os vencedores.

A esperança, quando é forte, dá benefícios até mesmo após a morte.

206

24/Jul

A felicidade pede ação.

Assim como as flores e os frutos resultam da *ação* da árvore, o estado agradável de espírito brota de procedimentos saudáveis.

Como as grandes obras, as pinturas, murais e estátuas admiráveis, que pediram longa paciência aos que os fizeram, o crescimento interior, o controle dos pensamentos e emoções, até a vinda dos ideais superiores, pede que se envolva a mente com ideias nobres, façam-se as ações correspondentes e nisso se persista.

Lute para melhorar e será feliz.

Como todas as grandes coisas, a felicidade não vem de graça.

207

25/Jul

Não deixe para depois.

Não deixe para o apagar da vida o cuidado com a paz interior, o crescer no espiritual, o amar os outros, o fazer o bem. Os assuntos do coração não podem ser deixados para depois.

Não são as conquistas externas que fazem você feliz. Se assim fosse, as pessoas ricas seriam as mais felizes.

Ajuste o seu interno com o externo, de modo que o externo colabore com o seu interno e o seu interno realize maravilhas no externo. Se é grande internamente, faça muito no externo e mostre a Deus o que faz com o que recebe.

Quando o campo interno é positivo, tudo resulta bem na vida.

208

26/Jul

Tenha paciência com os outros.

Talvez não façam o que você quer porque não podem.

Compreenda-os.

Olhe os outros com simpatia. Eles são como você. Todos têm imperfeições, mas também têm beleza interior, esperanças e querem uma vida agradável e proveitosa.

Quando de você sai um agrado, os outros o recebem. E, se neles houver raivas ou tristezas, elas se enfraquecem por força desse agrado.

Goste dos outros e evite preocupações.

A emissão mental positiva nunca é perdida.

27/Jul **209**

A imaginação é poderosa.

É com ela que você chega a con-clusões, desperta o poder da vontade, realiza obras e semeia certezas e alegrias no seu interior.

Em quem não imagina suficiente-mente o que quer, a força de von-tade não se estabelece. Mas, quem imagina consegue pô-la em prática.

A imaginação é o arco de onde sai a seta da vontade.

Desse arco também saem outras setas, como a do esclarecimento, a do prazer de viver, a da concórdia, a da paz, a da esperança, a da saúde e de tudo o mais que lhe favorece.

A vitória na vida nasce de uma boa imaginação.

210

28/Jul

O sofrimento resulta da avaliação das circunstâncias.

Se você vê nas circunstâncias um mal, uma adversidade, elas se tornam um peso, uma dor, um sofrer. Mas, se nelas enxerga um bem, um ensinamento, então nada lhe pesa ou faz sofrer.

Diante de circunstâncias problemáticas, não considere estar nelas algo que vem para lhe massacrar.

Deus é bom e age nas circunstâncias. Logo, elas o favorecem, ensinam, corrigem e fazem progredir.

Acredite que é bom o que lhe acontece.

Você escapa do sofrimento, se crê que tudo vem a seu benefício.

29/Jul

Tenha pensamentos que sejam como as abelhas.

Os pensamentos vão e vêm, constantemente; e os bons, como as abelhas que procuram o néctar das flores para fazer o mel, partem em busca da felicidade.

Esses pensamentos trazem-lhe o "mel da felicidade", quando você tem boa apreciação da vida, aceita que há amor nas pessoas, que as dificuldades são mestras, que tem um bom futuro, que a vida é eterna e que Deus é o melhor que existe.

Fuja dos maus pensamentos. Eles são abelhas que picam.

A sua felicidade cresce com os pensamentos positivos.

212

30/Jul

A vida não foi feita para prejudicar você.

O bom pensamento e a boa ação beneficiam a quem os faz.

Domine os pensamentos que levam à ruína e estimule os de confiança em si mesmo, os de esperanças e bondades, os de metas de progresso e de vida abundante.

Nunca se esqueça de que poderosas forças estão dentro de você, só aguardando o momento adequado para mostrar resultados positivos.

Aproveite o presente momento e busque os resultados úteis.

A vida criada por Deus existe para fazer você feliz.

31/Jul **213**

Hoje, diga assim:

Dentro de mim há forças e virtudes que jamais experimentei. São tão poderosas que podem me dar serenidade, mesmo num vendaval. São Deus dentro de mim.

A crença na sua grandeza interior, força, poderes e virtudes é a mais poderosa arma contra os problemas, os desânimos, as tristezas. Um só estampido dessa "arma" interna acerta o alvo e elimina os tormentos.

Empregue bem os seus poderes e virtudes.

O pulso firme e o tiro certo destroem os problemas.

214

01/Ago

Faça o coração vibrar.

O coração, se desprezado, tende a deixar de vibrar positiva, alegremente. E muito sofre sob a *pancadaria* dos pensamentos negativos.

Socorra o coração.

Dê atenção especial a ele. Faça-o vibrar até mesmo nas pequenas coisas, diante de um encontro fortuito, de um simples olhar, de uma notícia corriqueira, de uma paisagem, de uma providência qualquer.

Pelo seu querer, o coração vibra.

A mente disposta às coisas boas injeta atividade e ânimo no coração.

215

02/Ago

Mantenha-se no alto.

Os balonistas, quando o balão perde altura, jogam fora as coisas pesadas para o balão voltar a subir. Nas águas, se uma embarcação ameaça afundar, os marinheiros desfazem-se do que podem.

Assim como nos ares e nas águas é necessário desfazer-se do que é estorvo, também você, para se manter com pensamentos altos, serenos, deve jogar fora lembranças amargas, raivas, ciúmes, desânimo e tudo o mais que ameace precipitá-lo no abismo.

A sua mente, quando no alto, sabe exatamente o que a puxa para baixo.

216

03/Ago

As pessoas felizes são calmas.

Você já observou que as pessoas felizes e alegres são calmas, não usam de violência nem se irritam?

As pessoas infelizes se irritam por qualquer coisa e, algumas, até se sentem aliviadas quando fazem as outras sofrer, como elas.

A pessoa feliz está em harmonia com a sua natureza bondosa, divina e pura, e isso impede as irritações. A infeliz está em desarmonia, e isso estimula as irritações.

Pense positivo e tenha segurança interna.

Quando você tem a calma por dentro, ela o ajuda por fora.

04/Ago

Se você tentou algo justo, honesto e possível e não conseguiu, não sofra.

Seja como o agricultor que planta, mesmo sabendo que a sua lavoura está sujeita a pragas, ervas daninhas, secas, chuvas de granizo e ventos fortes.

Se o objetivo é nobre, tente outra vez, mas sempre conservando a paz.

Já é um objetivo realizado fazer bem o seu hoje e vencer más tendências.

Planeje, lute, porém cuide de si com fé e amor, pois o mais vem por acréscimo.

Mesmo a meta de pensar positivamente pede a paz interior.

218

05/Ago

Alcance o equilíbrio.

Evite comportamentos desiguais para situações semelhantes.

Nos diferentes ânimos, pois que variam as circunstâncias, jamais extrapole a linha do equilíbrio, do pensar sereno, da paz interna. Em qualquer situação, mesmo nas mais agitadas, firme o bom pensamento e controle as emoções.

Para manter suave equilíbrio, use a mente para o que constrói, o que faz os outros felizes, o que realiza a alegria e a paz.

O equilíbrio da mente é paz no coração.

Você precisará mais adiante do equilíbrio de agora.

06/Ago

O trabalho é solução.

Trabalhar ajuda a esquecer o que passou, superar preocupações e dar direção à vida.

Toda vez que você trabalha, a sua ação tem uma força além da simples feitura das coisas. Há uma atividade mental e sentimental que faz esquecer ofensas e erros e propicia renovações e acertos.

Afigura-se o trabalho com um bote salva-vidas, onde o tripulante, além de estar a salvo das ondas, ainda pode estender as mãos aos que estão prestes a se afogar.

O trabalho é remédio.

Trabalhar, para se curar de males, é medida acertada.

220

07/Ago

Seja pessoa-algodão.

Não seja uma pessoa-espinho, a que sempre está soltando dardos, da qual não se pode chegar perto sem sofrer alguma coisa.

Seja pessoa-algodão, veludo. Seja fácil de abordar, de olhar nos olhos, de dar as mãos, de dialogar, de descarregar o coração ou recarregá-lo de esperança e paz.

Seja assim.

Toda vez que lhe vier um ímpeto para cutucar, provocar, maldizer ou despejar desesperança, recolha-se. E se lhe vier a vontade de manifestar bondade e alegrias, expanda-se.

Os espinhos da pessoa-espinho machucam mais a ela mesma, pois que os carrega.

08/Ago

Não conserve ideias inúteis.

Para que carregar pensamentos que não ajudam você, nem os outros?

Pensamentos negativos só dão sofrimento e perda de tempo. Há, em cada um deles, um perigo, uma ameaça a quem pensa.

Não saber pensar é como tomar a direção de um carro sem saber guiar. Na estrada ou na via pública, é perigo para si e para os outros.

Dirija bem o pensamento, acostume-se ao que melhora você e os outros.

Você bem anda na estrada da vida quando pensa positivamente.

222
09/Ago

Tenha espiritualidade.

Veja significado nas mínimas coisas, nos detalhes. A flor pequenina que se abre é um sorriso da natureza. A brisa leve é remédio para os pulmões. A água cristalina limpa e embeleza. A luz tênue afasta as trevas. A veste humilde agasalha. O trabalho singelo dá vida e suprimento.

Vistas do alto de um monte, as coisas grandes parecem pequenas. Ali, ao seu lado, as pequenas serão maiores do que as grandes distantes. Preste atenção às coisas pequenas, e elas terão grande significado.

É espiritualidade a atenção que se dá às coisas pequenas.

10/Ago

Ponha ordem no seu interior.

Pense num barco em alto-mar sem algo que lhe indique terra firme. Permanecerá perdido até que uma abençoada mão apareça.

Oriente-se. Dê direção, exerça domínio, afaste as más tendências e ponha em destaque os pensamentos positivos, amorosos, esperançosos. Adote boa postura, creia em Deus, tenha paciência em tudo, ajude os outros, confie na solução dos problemas.

Só vencem, de verdade, os que vencem a si mesmos, a exemplo dos atletas, que, para serem vitoriosos, têm rigoroso treinamento.

A disciplina é poderoso ingrediente da vitória.

224

11/Ago

Tenha boa opinião sobre os outros.

Sempre que você deseja o bem para os outros, esse bem se volta para você. Até o mais vil malfeitor, o mais frio merece consideração, pois também é filho de Deus.

Quem aprende a pensar bem a respeito dos outros melhora o tratamento a si mesmo, de vez que, vendo qualidades nos outros, não deixará de vê-las em si mesmo. É como alguém que se submete a uma cirurgia nos olhos. Volta a enxergar os outros, mas muito mais se admira quando vê a si mesmo no espelho.

Só pense no que é bom.

A boa opinião sobre os outros melhora a opinião que você tem sobre si mesmo.

225

12/Ago

Renove-se a cada manhã.

Sinta que os dias são feitos para você, que a vida está a seu favor e que grandes alegrias lhe estão reservadas.

Quando você sente renovar-se e olha com esperança o dia e as horas, um novo mundo se lhe abre e mais fácil se torna resolver os problemas, agitar a bandeira da paz e plantar sementes de otimismo por onde andar e no que tocar.

Respire fundo e considere-se renovado, fortificado, saudável e pronto para as ações positivas que o dia requer.

A sua renovação por dentro surte benefícios no que você faz por fora.

226

13/Ago

Deseje as transformações.

Não apenas aceite, mas deseje que transformações positivas se operem em você.

Se até hoje as coisas foram amarradas, difíceis, impossíveis, queira que uma mudança substancial lhe ocorra, esclareça os pontos obscuros. Aumente a sua grandeza de espírito, sua inteligência e as capacidades de sentir e agir, esboce um novo mundo e uma nova vida para você.

Deseje ir avante, melhorar.

Confie em você, em Deus e aja. Quando fizer isso, já estará havendo formidável transformação em você.

Você se arranca para a vitória quando se dispõe a ser melhor.

14/Ago

227

Adote o amor.

O amor é tudo, é o divino poder dos corações humanos.

Você já viu alguma coisa valiosa construída pelo ódio?

Enquanto o amor ajunta, levanta, edifica, finaliza, conserva, embeleza, o ódio desune, destrói, enfeia.

Reúna o amor que pode dar e empregue-o no que deseja, faz, observa, põe à mão, começa e termina.

Quando uma dificuldade surgir, examine-a pelo lado do amor e procure os meios de solucioná-la, amando.

O amor que você dá é alimento para o seu espírito e paz no seu coração.

228

15/Ago

Tristezas, mau humor, desesperanças?

Para que servem?

De uma vez por todas, abandone as posições negativas, os medos, as rixas e ponha-se a ver coisas novas, a caminhar para o despertar da consciência, da alegria, da felicidade. Não permita que se alojem em você ideias malsãs e derrotistas.

Agora mesmo, pense em renovação, em mudança, em um feliz estado de alma e ponha-se à obra.

Depende de você ser alegre ou triste.

A luz que em você vence as sombras nasce na usina do seu espírito.

229

16/Ago

Veja o seu íntimo como uma fonte de água pura.

Cuide de sua fonte interna, para que jorre permanentemente. Se aparecerem as raivas, os desânimos, as tristezas, corte-os, não deixe que sujem a fonte.

Preserve-a e permita que a sua paz se estabeleça, que uma alegria tome conta do seu coração e que você tenha pela frente boas oportunidades para viver tranquilamente, amar como deve e trabalhar com esperança, progredindo.

Ame a sua fonte interior.

Toda vez que você cuida da fonte interior a sua vida dá um passo à frente.

230

17/Ago

Cresça como se deve.

Você pode aumentar suas capacidades, melhorar o raciocínio, disciplinar as emoções, preparar melhor o seu dia e o seu futuro.

Disponha-se a aprimorar o que é, a procurar as coisas lícitas, a esperar a hora certa de se manifestar e agir. Com isso, você trabalha pelo seu bem-estar e se capacita para mais ajudar os outros.

É de você mesmo, do cultivo do amor e da inteligência, que lhe surgem as modificações positivas, a fé e a ação.

A boa intenção é a raiz da evolução.

Deus o ajuda, toda vez que você trabalha em si mesmo.

18/Ago

231

Difícil vencer problemas, apreensões, desânimos?...

As dificuldades são grandes quando a vontade é fraca.

A dificuldade nada mais é do que a falta de pensamentos arrojados.

A dificuldade é uma montanha que você enfrenta. Se você sai do forte calor da indecisão, que é a base, e nela sobe até o mais alto, avista lindo horizonte e sente brisa amena, que é a vitória. Assim, a dificuldade superada dá prazer. Mas, sem a determinação de vencê-la, com pernas fracas, a montanha se mantém desafiadora.

São belos exemplos os deficientes que vencem duras provas.

232

19/Ago

Não é uma grande alegria voltar a enxergar depois de um cirurgia?

Mas, existe a cegueira mental, a dos que não veem como progredir, como aproveitar as chances ou dificuldades, como acalmar o coração, aumentar a fé e a esperança.

Olhe para dentro de si, para a vida e, se preciso, faça uma "cirurgia" na mente.

Saia bem de uma cirurgia mental, faça esvaírem-se os pensamentos negativos e infelizes e só pense no que constrói, no que dá paz, no que alegra e encaminha para Deus.

O resultado da "operação" mental é tudo ver com perfeita clareza.

20/Ago

233

Aqueça-se interiormente.

A mente tem grande poder, a ponto de, segundo se sabe dos lamas tibetanos, conseguiram esses, por requintada técnica, aquecer o corpo e derreter o gelo externo.

E no nível interno, então, o que pode acontecer?

Você pode derreter "o gelo" dos desânimos, das tristezas, das revoltas, dos medos e aquecer-se, em qualquer situação.

Empregue o seu poder mental, a sua convicção e crença. Vença traumas, desenvolva aptidões e aspirações e faça bons projetos de vida.

Após derretidos os "gelos" da alma, surge a primavera das alegrias.

234

21/Ago

Mantenha-se acima dos problemas.

Seja como um passageiro que voa em tranquilo avião, além das nuvens, quando, embaixo, há tempestades.

Mesmo que lhe venham conflitos, problemas, desestímulos, que são "nuvens carregadas", ponha-as *abaixo* de você e prossiga serenamente. Você não precisa situar-se *dentro* delas, sofrer solavancos, como acontece com um avião em baixas altitudes.

Pense elevado.

Quem mantém o pensamento alto escapa das turbulências dos problemas.

235

22/Ago

Não pare de progredir.

Quando você para, acaba regredindo, pois que tudo segue evoluindo.

Tanto é assim que o homem, que antes andava a pé, a cavalo, em carroça, agora passeia em automóveis e em aeronaves.

O seu íntimo pede progresso. Se até aqui imperava a desordem mental e emocional, faça existir equilíbrio e paz daqui para a frente.

Tome a decisão, sem demora, de pôr mais progresso na vida, de confiar no poder interior, de arrumar meios de vencer e de ser feliz.

O trabalho consigo mesmo é, entre todos, o que dá melhores resultados.

236

23/Ago

Deus está dentro de você.

O motorista sai confiante porque sabe que dirige bem; o nadador pula na água porque está seguro de que sabe nadar; o cavaleiro monta porque sabe ter habilidade, o trabalhador age porque sabe o que fazer.

Quem sabe o que realizar sente segurança.

Você nada teme, se sabe que está com Deus e que Ele é tudo o de que precisa para viver bem. A presença de Deus estimula você a vê-Lo nos outros, nas coisas e nos acontecimentos.

Deus, dentro de você, é felicidade.

Com Deus, você tem as rédeas da vida nas mãos.

24/Ago

Acalme-se.

Não se desespere, se você quer ir por um caminho e segue por outro; se toma uma decisão, quando queria outra; se deseja uma coisa de uma maneira, e ela resulta em outra; se quer o progresso num sentido, e ele lhe escapa às mãos; se quer a vida de certo jeito, e ela surge de forma imprevista.

A vida nem sempre é de agrados, mas em tudo ensina que se deve pender para o lado positivo, ter esperanças, amar e progredir.

Para não se contrariar, não exija que a vida só faça o que você quer.

O que dá contrariedade não é a vida, mas o negativo que nela se põe.

238

25/Ago

Veja na posição certa.

Às vezes é fácil inverter as coisas, ver o ruim no lugar do bom e o errado no lugar do certo.

Nesse caso, a mente assemelha-se às máquinas fotográficas. Dentro delas, as imagens aparecem invertidas, o que está em cima parece estar embaixo e o de baixo, em cima.

Não inverta as coisas.

Veja o lado positivo. Note no que acontece, um ensinamento; nas ações, um bem; no trabalho, um proveito; na política, uma necessidade; na religião, um ganho de tempo; nas coisas materiais, algo secundário; e, em Deus, o principal.

Enxergar um bem em tudo é a posição certa.

26/Ago

239

Tenha fé no futuro.

É da natureza da planta crescer e da natureza da água limpar. Em você, a esperança existe para elevá-lo; a paz, para alegrar o coração; o bem, para beneficiar; o progresso, para dar sentido à vida; e a felicidade, para unir a Deus.

Faça o bem e tenha consigo esperança, paz, progresso e felicidade.

Você age conforme a sua natureza profunda, ao se considerar com qualidades, possibilidades de perfeição, capacidades de se dirigir e de ser cada vez mais feliz.

Só é felicidade verdadeira a que custa sacrifícios.

240

27/Ago

Não se aceite sem metas, sem aspirações, numa vida fria, sem futuro.
Não!
Não deixe amolecerem as suas qualidades, a força de vontade, o desejo de progredir, superar tudo e impor ao coração, à mente, ao seu espírito um estado melhor, um bem-estar concreto, uma certeza e um caminho de vitórias.

Dê os primeiros arrancos, inicie, ponha em marcha as ideias, os projetos saudáveis. Olhe para dentro de você e impulsione suas capacidades e inteligências.

Goste da vida.

A vida, sábia e boa, devolve-lhe em benefícios os esforços que você teve consigo mesmo.

28/Ago

Não insista nos pensamentos negativos.

Pense num carro atolado na lama. Enquanto insiste em sair, os pneus giram e mais se afundam, pois falta-lhes suporte, apoio para se arrancarem do lugar. Seca a lama, o veículo consegue sair.

Tal é a vida.

O carro é a pessoa; a terra firme são os pensamentos positivos; a lama, os negativos. Enquanto a pessoa "gira" nos pensamentos negativos, mais se afunda, sem sair do lugar. Mas, consegue ir avante se o seu negativo seca e torna-se positivo.

Vença o negativo.

Você vive bem quando se move pelos pensamentos positivos.

242

29/Ago

Para ter vitória por fora, consiga vitória por dentro.

Nas paraolimpíadas, pessoas deficientes conseguem grandes feitos. Correm sem enxergar, nadam sem ter braço, arremessam pesos sem possuir perna.

Mas, elas acreditam que podem vencer.

Você também realiza até o que ache impossível quando põe em ação as esperanças e o otimismo, com a certeza de que nada lhe será obstáculo intransponível.

Supere as ideias negativas, os desânimos. Não dê ouvidos ao derrotismo.

Você pode mais.

A crença de que se pode vencer é que faz a vitória.

30/Ago

243

Siga com ânimo.

Se você se levanta da cama com desânimo, sem vontade de encarar o dia, lembre-se do grande poder do ânimo.

Encaixe na mente, mesmo que por necessidade, o ânimo. Um pensamento de ânimo chama outros iguais. Juntos, tornam agradável o seu dia e fortalecem as suas esperanças.

Exercite o ânimo.

Como pensamento positivo concentrado, uma faísca de ânimo afasta tormentos. Mesmo uma breve ideia animadora abala uma velha desesperança.

O ânimo é o ponto de apoio da alavanca da vida.

244

31/Ago

Suba na escada da felicidade.

Ela está à sua disposição, é infinita e quer você nos seus degraus.

Os degraus são de transformação e melhoria. Quando você sobe a um degrau superior, já não são os mesmos os seus pensamentos.

Aparecem-lhe horizontes mais amplos, sentimentos mais nobres, pensamentos mais esclarecidos. Por motivo algum você quer descer ao degrau anterior.

Seja cada vez mais feliz.

Sempre que você sobe um degrau na escada da felicidade, melhor antevê a felicidade do degrau de cima.

245

01/Set

O pensamento negativo é perigoso. O mergulhador encontra maior pressão da água quanto mais se aprofunda, e isso pode lhe ser fatal.

Também as ideias negativas dão pressão e, quanto mais se acumulam, mais escuras se tornam e maior perigo oferecem. A mente e o corpo, não suportando as pressões, debilitam-se e adoecem.

Quanto maior a negatividade, maiores os perigos.

Necessário o quanto antes é atender ao apelo da vida, que chama o pessimista à tona, à saúde, à paz, à alegria.

Seja otimista.

É muito perigoso o mergulho no oceano do pessimismo.

246

02/Set

Por que deixar para trás os pensamentos de ânimo?

Mesmo que você enfrente etapas difíceis, e os objetivos pareçam impossíveis, firme os pés e não abandone as esperanças, a fé.

Você é competente.

Não ponha em segundo lugar o seu poder de ação, a valentia do seu coração.

Em qualquer situação, confie na sua força interior. Acredite que as dificuldades têm brechas, fendas e nelas coloque as cunhas, os apoios do seu ânimo. E bata com força até que mostrem as vitórias.

As dificuldades cedem terreno ante a força do ânimo.

03/Set

Você é sal da terra e luz do mundo.

Lembre-se de Jesus, que disse: "Vós sois o sal da terra... Vós sois a luz do mundo".

Você é tempero da terra e esplendor do mundo. E qual o melhor sabor e o maior brilho, senão o amor do seu coração?

Expanda o amor. Mostre-o nas suas obras, no seu modo de ser, nas suas esperanças, no seu sorriso.

Os outros precisam do amor que só você tem. Precisam de você de pé, feliz e confiante para poder amá-los.

Se você se sente sal, a terra é boa para viver; e, se se sente luz, o mundo nada pode lhe ocultar.

248

04/Set

Quanto custa ser otimista?

Nada, a não ser o sacrifício dos pensamentos negativos.

Só com otimismo se resolvem os problemas. Só o ânimo, a esperança, a persistência na boa ação dão-lhe uma personalidade firme, decidida, que derruba barreiras, que faz ser o negativo uma ilusão e nada mais.

Eleve-se, use suas energias e dedique-se a se fazer cada dia mais perfeito.

A fé de que você precisa para ser melhor, para alcançar uma vida plena aumenta a partir da sua decisão positiva.

Ser otimista é conscientizar-se da própria força.

05/Set

Tudo é bom.

Quando a sua mente está otimista, e o seu coração tem amor, em tudo você vê meios de se sair bem, de se alegrar, de vencer. E nada lhe é mau.

Mas, se se habitua a ver entraves e a pender o coração para o lado infeliz, nada lhe é bom.

Pense compreensivamente, com ânimo, e tudo se resolve. Se não puder solucionar na hora, silencie, ore a Deus, e nada lhe será um tormento, um mal.

O problema vai para o lado por que vai o pensamento.

Seu poder interior é ilimitado.

A bondade de Deus está dentro de você.

250

06/Set

A vida espera por você.

A vida, para mostrar suas maravilhas, encantos e atrativos, espera o seu concurso, a sua ação.

É você que dá a *partida*. De uma ação sua, a vida passa a se movimentar, a produzir efeitos.

Se você age bem, a vida apronta-lhe resultados favoráveis. Observe-os.

Desde o instante em que você põe um bom projeto no pensamento, a vida se põe a ajudar você para que ele se concretize.

Aja com fé, com vontade e sentirá alegria de viver.

A vida ama você.

A vida quer fazer você a cada dia mais feliz.

07/Set

Tudo está a seu favor.

Convença-se de que Deus, as forças da vida, o futuro estão a seu favor.

Isso fará você sentir forças no coração, tranquilidade e paz.

Por que a desesperança? A desesperança se apoia nas incertezas, nos pessimismos, nos vazios interiores. Mas, se você tem certeza de que tudo existe para fazê-lo feliz, o sofrimento se esvai e vem a alegria e a paz.

A sua vida tem razão de ser. Reflita e veja o poder de Deus à sua disposição.

A vida sempre lhe dá os meios para a vitória.

252

08/Se

Procure o que tem valor.

Vasculhe o que puder, indague corra e chegue aonde está o que é de proveito, o que lhe dá reais benefícios, as fontes verdadeiras de alegria e paz.

Empenhe-se.

Tudo depende de sua vontade de querer realizar de fato algo positivo, valioso, construtivo. Pela sua ação o que de bom existe se põe a seu caminho, vem ao seu encontro.

Você é o artífice de sua vida, o artista de sua obra, o pintor de sua tela, o engenheiro de sua construção.

Pelo seu querer positivo, a vida lhe dá mais do que você pede.

09/Set

253

Aumente as suas capacidades.

As suas capacidades podem crescer sempre.

Você pode desenvolvê-las, chegar ao ponto de se alegrar com os detalhes das coisas, nunca entrar em solidão, estar preparado para surpresas, ver ensinamentos nos fatos insignificantes, armar bons planos até mesmo nas horas de privações, preferir o lado positivo mesmo quando o negativo melhor se apresente.

As capacidades desenvolvidas são fortes apoios de sua vida, são os suportes de suas vitórias.

A cada capacidade desenvolvida, o você de hoje é melhor que o de ontem.

254

10/Set

Use boas palavras.

Use sempre palavras como *ótimo, excelente, muito bom, tudo bem*.

Nunca empregue palavras como *péssimo, horrível, tudo mal*.

Quando você diz *ótimo*, seu íntimo recebe uma descarga mental positiva, de alegrias, firmezas e esperanças. E, quando pronuncia *péssimo*, recebe uma negativa, de tristezas e desesperanças.

As palavras levam você para cima e para baixo.

Não troque más palavras. Se o assunto incita à grosseria, silencie ou use de sãs palavras.

As palavras boas sustentam a paz interior.

255

11/Set

Resolva os seus problemas.

Não incomode os outros. Eles têm os deles e, quase sempre, não suportam carga maior. Estão como canoas que, por estar suportando um peso máximo, correm perigo de afundar com um pouco mais de peso.

Pedir socorro vira hábito.

Mas, se você tem muita necessidade de ajuda, veja se a pessoa a quem recorre está preparada para socorrê-lo e conte-lhe o necessário.

Analise-se bem. Você pode resolver os problemas por conta própria.

Você está preparado para ajudar no problema dos outros, quando sente que os seus nada são.

256

12/Set

Você não está sozinho.

Os seus anjos de guarda, os bons espíritos, sob as ordens de Deus, dão-lhe ininterruptas ideias de progresso, paz e felicidade.

São bênçãos em cascata.

Quando uma ideia lhe vem à cabeça, analise se é para o bem ou para o mal. Se for para o mal, ponha uma ideia do bem sobre ela e a suplante.

Você tem livre-arbítrio.

A escolha é sua e as consequências também, mas não se esqueça de que o bem produz alegrias e o mal, tristezas.

Aproveitar as boas ideias é agradar aos anjos de guarda.

13/Set

Você é igual a todos.

Não veja os outros acima de você, mais valorosos, inteligentes, poderosos.

São eles como você, têm também carências.

Não perca o seu tempo querendo ser igual a outrem. As qualidades suas podem ser diferentes, mas não são inferiores.

Agradeça a Deus pelo que é.

Trate-se bem. Amplie a sua inteligência, a sua capacidade de amar, de bem agir, de crer no futuro, de manter-se saudável e de viver em paz.

Cuidar bem de si mesmo é a sua principal obrigação na vida.

258

14/Se

Valorize a paz.

Faça com que um simples aperto de mão, um olhar, um sorriso seja o suficiente para fazer aparecer a paz no seu coração.

Vença o que impede a paz.

Recorde-se do rio que, ao encontrar obstáculos, contorna-os ou pacientemente os ultrapassa, chegando vitorioso ao grande oceano.

A paz que se deixa quebrar uma vez tende a se deixar quebrar outras vezes; mas, a que resiste uma vez, fortalece-se e torna-se resistente.

Os benefícios que a paz traz são muito maiores do que os sacrifícios para adquiri-la.

15/Set

259

Deus quer lhe dar mais.

Ele não se contenta em lhe dar pouco, abaixo das suas necessidades.

Deus é infinitamente rico.

Como tal, distribui benefícios para seus filhos às mancheias, satisfaz-lhes as sedes do coração, acende-lhes luzes na alma, abre-lhes clareiras na mata das ignorâncias, leva-os às belezas da imortalidade e da felicidade.

Alie-se a Deus.

Deixe que as riquezas divinas circulem pelas veias do seu pensamento e sentimento, sejam-lhe presença diária e realizem mudanças no seu viver.

A divina riqueza está em você para ser usada ilimitadamente.

260

16/Set

Diga que é feliz.

De tanto você dizer, a felicidade aparece.

Quando se diz feliz, você emite uma ordem de comando positiva para o seu coração. De posse dessa ordem, as suas emoções sentem apoio e iniciam ação. Daí passa a ser fácil ver o que é belo, educativo, amoroso.

Se a ordem é repetida, mais se firmam os seus sentimentos. Mas, claro que, se se diz infeliz, a infelicidade toma a vez.

Mesmo com insegurança, diga que é feliz, e a felicidade se aproximará.

A felicidade vem da boa mente.

17/Set 261

A vida é de rosas.

Mas, pode-se indagar: Como assim, se nela há contratempos, sustos, espinhos?

A questão não é o que lhe acontece de bom ou ruim. É como você trata o que acontece.

Se vem o contratempo, o susto, a dificuldade, e você resiste, confia em si e age, esses espinhos nada são.

A vida é de rosas, de paz, de alegrias, quando você considera que tudo nela existe para o seu bem, o seu progresso.

Seja alegre.

Há rosas na vida de quem tem um jardim no coração.

262

18/Set

Compreenda os outros.

A fórmula para compreendê-los é senti-los iguais a você.

Se você tem vontade, força de ação e esperanças, eles também têm. Como você, eles querem trabalho alegre, convivência pacífica, bons amigos, amor.

Como num sistema de vasos comunicantes, ao fazer subir a compreensão e o amor por si mesmo, sobe igualmente a compreensão e o amor pelos outros.

Mais pode amar os outros quem mais ama a si mesmo.

Com aparelhos, o médico vê o corpo por dentro; com amor, você vê a alma.

263

19/Set

A luta fortalece o espírito.

Se você tentou, pense nos benefícios da luta.

A luta, por ser ação, congrega as forças e desenvolve o espírito, a mente, o coração. A exemplo de quem levanta peso e, pelo exercício, aumenta a potência dos músculos, o vigor do seu ser aumenta no bom combate.

A luta com amor amplia o raciocínio, disciplina as emoções e melhora a forma de agir. Se você desistir, perde a chance de evoluir, de sentir o verdadeiro prazer de viver.

Persista nos bons objetivos.

São fortes as pessoas que não temem os obstáculos.

264

20/Set

Não se entregue.

Às vezes as dificuldades assumem proporções gigantescas, dando-lhe a impressão de que não adianta lutar.

Mas, mesmo assim, arregimente as suas forças e creia no seu poder interior. Utilizando-o, você tem a oportunidade de constatar o tanto de que é capaz e talvez descubra ser muito mais do que esperava ser.

Não tema os obstáculos.

Ainda que os problemas venham ampliados, multiplicados, concentrados, acredite que nada são, pois você está com Deus.

Ponha-se em ação.

As dificuldades nada são quando você sabe o poder que tem.

265

21/Set

Entenda os maus-tratos.

As pessoas incensadas, bajuladas, que só recebem bom tratamento não conseguem saber o que são. As que sofrem e são postas à prova obrigam-se a um mergulho interior e nisso descobrem suas qualidades, suas capacidades. Ficam sabendo quem são.

Deus, o sábio supremo, põe um bem até nos maus-tratos que você recebe. Com eles, você tem mais um meio de progredir como pessoa, afastar os males do orgulho e conquistar benéfica humildade.

Não acuse, compreenda.

A contrariedade traz à tona as suas forças de resistência.

266

22/Set

O amor é um poder sem fim.

Por ele, uma atitude sua se agiganta, um sorriso atrai, um olhar brilha, um sinal transmite energias, um aperto de mão reconforta, a visita alegra, o trabalho gratifica e o lar aconchega.

Veja o exemplo das pessoas que cuidam de doentes por longo tempo ou têm trabalhos penosos e que, com amor, permanecem contentes.

Ame.

Amando, você vence, sem sentir, os obstáculos e faz o bem, alegremente. Torna-se de pequenino em grande, de necessitado em generoso, de infeliz em feliz.

O amor está no seu coração à espera de sua ordem de comando.

23/Set

Teste a sua paciência.

Resista e não perca tempo por causa de uma provocação, de uma sobrecarga de trabalho, de uma rusga no lar ou nos seus relacionamentos.

Seja paciente.

Domine-se, na hora em que as suas emoções lhe sugerirem palavras duras, ódios na face ou nos gestos.

Ponha compreensão nos olhos, silêncio ou palavra serenas na boca e leve em conta as condições alheias.

A paciência aumenta pelo exercício.

A paciência cresce quando se leva em conta que todos precisam de amor.

268

24/Set

A oração protege.

Logo pela manhã, ao se levantar, eleve uma prece a Deus, mesmo que curta e rápida, mas com sentimento, com desejo de que o dia lhe seja de calma, paz e realização.

Ao chegar a noite e se preparar para dormir, faça outra prece, agradecendo o que passou.

Ore sempre.

Mais do que os cadeados, alarmes e outros instrumentos de segurança, a prece protege você por fora e por dentro, estabiliza o seu coração, dinamiza a sua inteligência e aumenta a sua disposição para viver feliz.

É uma felicidade sentir a proteção de Deus.

269

25/Set

A vida é amiga.

Não pense que a vida lhe é ingrata, que mais favorece aos outros do que a você, só porque não tem o que deseja, como o benefício, a atenção, o bom emprego, o passeio, o lazer.

A alegria do coração não está apenas nos desejos realizados. Mesmo aqueles a quem nada falta podem se achar infelizes. A felicidade está no aceitar o que se é, no agradecer pelas circunstâncias, no orar com fé, no ter esperanças, no amar.

A vida, mesmo quando aplica corretivos, é amor em ação.

A vida está sempre amando mais você do que você a ela.

270

26/Set

Agradeça sempre.

Se estiver andando, agradeça por estar andando; se estiver parado, agradeça por estar parado. Agradeça, se as coisas caminham para a frente ou para trás, se você está alegre ou com problemas.

Agradecendo, o seu coração aprende a ter paz.

Não é por agradecer que uma dificuldade aumenta, pois o importante não é o motivo dela, é o ato de agradecer. Um problema, por mais tenebroso, desfigura-se e toma outra feição, ao você agradecer a Deus por ele.

Assim é a vida.

Agradecer é aproximar-se de Deus.

27/Set

Seja sincero consigo.

Não mostre o que não é. Não diga que tem, se não tem; que faz, se não faz; que pode, se não pode.

Mesmo que tudo lhe peça para ser o que não é, guarde consigo a sinceridade.

Mostre-se da melhor maneira, vista-se e apresente-se agradavelmente, mas sem ferir o coração e a consciência com cargas mentirosas. Esses, por estarem ligados à vida, a Deus, exigem, se violentados, retificação, até mesmo sofrimento.

O que você mostra por fora atinge você por dentro.

A sinceridade de agora forja o caráter que faz o bom amanhã.

272

28/Set

Mostre o que você é.

Faça mostrar-se por fora o que você é por dentro; faça emergir qualidades, capacidades; faça brotar sorrisos, esperanças.

Está dentro de você uma força gigante, desejosa de realizações e alegrias.

Não paralise as suas capacidades.

Como um remédio que para ser bom precisa ser agitado e ter seus elementos dinamizados, também você necessita dinamizar os seus elementos, a sua positividade, para obter bons resultados.

Você cresce quando apresenta as suas qualidades.

29/Set

273

Hoje, a paz de Deus esteja com você.

Uma paz mansa, proveitosa. A que você mais deseja e que transporta o seu pensamento a paragens belas, saudáveis. Essa paz chega, agora, ao seu coração, bastando que mentalize uma poderosa e divina energia a lhe suplantar os problemas, amenizar as dores, abrir novas perspectivas, acender luzes nos seus caminhos.

Consiga a paz.

Permita surgir um brilho novo no seu olhar e um sorriso nos seus lábios.

Quando você quer, de fato, a paz, ela aparece.

274

30/Set

Cuidado ao se sobressair.

Mantenha a sua posição, trabalhe, confie, espere em Deus e analise-se com cuidado ante o desejo de se sobressair.

Sofrem muito as pessoas que se sobressaem sem condições, sem preparo.

Sobressair-se é, às vezes, até necessidade, mas não é o mais importante. Não se esqueça de que quem se sobressai precisa de destreza mental, coração resistente aos choques, às esperas e exigências para poder amar e ser exemplo aos outros.

Ganha mais quem corrige suas deficiências do que quem se sobressai sem merecer.

01/Out — 275

Procure Jesus.

Se você carrega dores e mágoas ou não consegue o progresso, a paz, e a felicidade, promova um encontro com o Senhor Jesus.

Cristo é a solução.

O Divino Mestre, o Senhor das Almas cura todos os males, afugenta as dores, coloca perdões sobre as mágoas e alegrias no lugar das tristezas, amolece os corações, endireita as estradas para o futuro, reacende as esperanças e põe luz nas almas.

Jesus é o grande amigo.

Cristo sempre lhe vem ao encontro quando você O procura com fé.

276

02/Out

Não é tarde para ser feliz.

Não pense que deve perder as esperanças e que as coisas devem andar por si mesmas só porque fez o que fez, deixou para trás oportunidades que deveria aproveitar, disse o que não se deve dizer ou não usou, no momento certo, as forças de salvação.

Reaja.

Bem dentro de você estão presentes, agora mesmo, qualidades que esperam ser usadas, capacidades que pedem desenvolvimento, vontade disponível para a ação e paz capaz de suplantar desassossegos.

Ponha-se em ação.

A felicidade não vem pronta, você é que a faz.

03/Out

277

Elimine o sofrimento. Mesmo o que teima em ocupar o seu íntimo.

O sofrimento se dissipa, como fumaça, quando você respira o ar puro da compreensão, toma como decidido que está recebendo rajadas de paz, de esperança e, em hipótese alguma, acalenta ideias desanimadoras.

Sofrer depende do pensar.

Não tem com o que sofrer quem tudo vê com serenidade, procura ensinamentos no que acontece e se socorre na inspiração em Deus. Ora, como sofrer, se você sabe que tudo vem para o seu bem?

Quem não se imagina sofrendo não sofre.

278

04/Out

Não se aflija.

Mesmo que as coisas se apresentem enroladas, sem mostras de solução, confie em que há um meio, uma saída, uma forma de vencer.

Ao se firmar na mente que há solução, começa-se o trabalho de encontrá-la, o coração se aquieta e surge o sentido da ação. Se se firmar que não há solução, a mente se trava e paralisa os meios de ação.

Então, se você põe fé na solução, ela aparece. E, se acredita no insucesso, a ideia de que "não há solução" surge vencedora.

Na sua mente Deus pôs solução para todos os seus problemas.

279

05/Out

Jamais se julgue um fracasso.

Ao contrário, gaste o tempo que for preciso, mas chegue à conclusão de que é um sucesso como pessoa e no que faz, que pode ir avante, melhorar-se continuamente e atingir um ponto até acima das expectativas.

Acredite que suas energias são vastas, bem podendo elaborar os pensamentos, comunicar-se, agir, tomar providências e em tudo chegar a bom termo. Ao crer em si e em Deus, a vida se lhe torna favorável, vêm os avanços e você cresce, até sem perceber.

A força que está em você é invencível.

Confiar em si e em Deus é ser vencedor.

280

06/Out

Faça as coisas correrem bem.

Se você pensar corretamente, tiver bons projetos para o amanhã, mantiver amor e persistência, o que pode lhe prejudicar?

Nada.

Ao ter real disposição para viver bem, fé em Deus e nas suas qualidades, as coisas externas se apresentam favoráveis, pois se *imantam* da imagem mental que delas você tem. Se pensa ser impossível vencer, a vitória some; se enxerga êxitos, ele se apresenta.

Vencer não é um "bicho de sete cabeças".

Se a sua terra interior é boa, é fértil, a semente da vitória brota inevitavelmente.

07/Out

Acostume o coração com as boas emoções.

Emoções como a raiva, ganância, ciúme, orgulho, se não contidas, tomam vulto e provocam estragos gerais.

Mande para o coração pensamentos calmantes, de progresso e alegria, acostumando-o ao que é bom.

Faça as boas emoções se irradiarem pelo corpo e alma. Desfrute os estímulos, as sensações sadias e as alegrias que elas dão.

Treine a felicidade.

Uma boa emoção é a ignição que faz funcionar o motor da felicidade.

282

08/Out

Comece a felicidade.

Um andante pode chegar ao destino sem dar o primeiro passo?

O primeiríssimo passo da felicidade é ver Deus nas coisas ao seu alcance. Na utilidade da água; no poder da luz solar; no deitar e, maravilhosamente, no acordar; no movimento dos dias e das noites; nos crescimentos das plantas, flores e frutos; no universo infinito e eterno.

Veja qualidades em si e convença-se da sua própria força.

Os passos seguintes vêm naturalmente.

Com esse pensar, a estrada difícil se faz fácil, e conquista-se a felicidade.

A caminhada para a felicidade exige passos firmes.

283

09/Out

Não aceite incertezas.

Não pense que a você só cabe levar uma vida comum, de altos e baixos, com avanços seguidos de atrasos, não lhe restando senão um futuro incerto, uma paz duvidosa, uma moralidade que não vale a pena, velhice e morte certa.

Reaja às ideias negativas.

Se a vida era ruim, marque diferença a partir de agora. Acenda uma luz dentro de si e veja claro o seu íntimo, as suas ideias, emoções e desejos. Dê arrancada e creia que, se quiser, pode, de fato, transformar o dia de hoje e, por consequência, o de amanhã.

Acredite na sua força.

A certeza de agora faz a diferença no futuro.

284

10/Out

Use a palavra com sabedoria.

Tal como no campo de futebol a bola precisa ser bem recebida, bem passada, bem empregada, a palavra precisa ser recebida com atenção, passada com habilidade e empregada com sabedoria.

A palavra constrói e destrói.

Por ela, você conquista amizades, expressa amor, realiza; mas, também causa desavenças e fracassos. Para um bom proveito, diga-a no momento certo, para a pessoa certa e dentro do assunto certo.

Por trás da boa palavra está o bom coração, como ensinou Jesus.

Falar com sabedoria é pôr a vida no caminho certo.

285

11/Out

Habitue-se ao contentamento.

Se chove, contente-se com a chuva; se faz sol, contente-se com o sol; se faz frio ou calor, contente-se com o frio ou calor, e assim por diante.

Você se acostuma com o que pensa. Se emprega contentamento no que vivencia, o contentamento se firma a ponto de, a certa altura, você estar alegre até sem motivo. E esse passa a ser o seu estado natural.

Por outro lado, o costume de criticar, de pôr defeitos, também se firma, causando tristezas.

Viva contente.

É uma perfeita sabedoria buscar ser alegre.

286

12/Out

Recomponha-se.

Se as suas esperanças e alegrias caíram ou estão caindo, como as folhas das árvores e as flores que murcham, recomponha-se.

Seja como as árvores que têm as folhas novas mais viçosas do que as antigas ou como as roseiras cujas rosas recentes são sempre mais lindas do que as precedentes.

Um imenso poder de refazimento dorme dentro de você, aguardando despertamento. Um poder mental e emocional profundo, uma vida nova, novos horizontes, novas alegrias o aguardam.

Desprenda-se do passado.

O seu poder de se recompor é maior que a força das quedas.

13/Out

287

Produza a tranquilidade.

Guarde serenidade na mente e no coração, ainda que tudo lhe indique ser melhor estar em agitação, em nervosismo.

Medidas as circunstâncias, aja com energia e vigor, mas com calma e educação. Para agir como firmeza, com decisão, você não precisa recorrer à exaltação, ao nervosismo.

Você tem reservas imensas de tranquilidade. Não se deixe dominar pelas circunstâncias, pelas negatividades.

Uma emoção de nervosismo é uma bomba no coração.

É feliz quem sempre mantém a calma.

288

14/Out

Hoje, faça um pacto com a felicidade.

Assuma o compromisso, do mais fundo do seu coração, de não ofender a ninguém, de dizer somente a verdade, de responder ao ódio com o perdão e de pôr os pensamentos em ordem.

Insista na melhoria interior.

Ao entregar-se aos bons propósitos, um feixe de energias sai de você em direção às alturas e recebe as bênçãos da aprovação divina. Desce então, sobre você, um fortíssimo jorro de forças de êxito e progresso.

Seja feliz.

A vibração da mente positiva chega até Deus.

289

15/Out

Converse consigo mesmo.

Diga para si mesmo que, se até hoje não fez o que devia, vai fazê-lo daqui para a frente; se chegou a cometer erros, que os evitará; se não tem amado, que amará; se não tem visto as suas qualidades, que as olhará; se vem reclamando, que não reclamará; se não louva a Deus, que O louvará com alegria e amor.

Uma conversa íntima, bem-feita propicia-lhe serenidade, progresso e alegrias. De dentro lhe vem "uma voz" que aponta os caminhos e tira-o das encruzilhadas, das indecisões, dos problemas.

Aproveite a conversa interior.

Quem pergunta a si mesmo recebe as respostas do Deus Interior.

290

16/Out

Não pense: "por que isso acontece *logo comigo*?".

Tudo acontece com todos, mas a repercussão do sofrimento é diferente em cada um. Uns, sofrendo muito, não reclamam; outros, sofrendo pouco, põem a boca no mundo.

Não se julgue uma pessoa sofredora.

Os sofrimentos, as dores são lições de vida. Estude as razões do seu sofrimento. Se errou, evite errar de novo; se falhou, aperfeiçoe-se e aprimore as esperanças.

Não se revolte.

O sofrimento ensina a evitar as quedas e a valorizar a vida.

17/Out

Melhore este dia.

Se, desde cedo, o dia não saiu como você esperava, tenha no coração a certeza de que pode mudá-lo. Faça surgir flores sobre os escombros, alegrias por cima das tristezas e ponha ordem nos sentimentos.

O dia se transforma nas suas mãos.

Ele se parece, por exemplo, com um balde, do qual a água suja escorre pelas bordas à medida que você adiciona água limpa. Ao final, só existirá água cristalina.

Use bem o seu dia.

Nada é mais agradável do que se sentir senhor do dia.

292

18/Out

O que lhe falta para ser feliz?

Dinheiro, posição, facilidades?

Mas, essas coisas são apenas exterioridades, brilhos, polimentos que melhoram a aparência, mas não a qualidade. Se um sapato ou um carro é de material inferior, assim permanece, mesmo polido.

Não se prenda às coisas materiais.

Para ser feliz, tenha a consciência alta, limpa; deseje mais *ser* do que *ter*. Use bem as suas capacidades, com coragem ante os problemas. Veja um bem em tudo, deseje o progresso dos outros e guarde Deus no coração.

Diante do problema, o infeliz se acovarda e o feliz vê uma oportunidade de agir.

19/Out **293**

O que é ser feliz?

Não é viver num mundo à parte, isento de problemas, com trato particular.

As pessoas felizes são pessoas normais. Estão no mesmo mundo que você, sujeitas às mesmas lutas, com decadências físicas, como os demais.

Mas, apresentam diferenças marcantes.

Elas têm um brilho especial no olhar, sorriem com simpatia, vivem perdoando, amando, aprendendo, atentas ao presente e de olhos no futuro, em tudo procurando os meios de beneficiar alguém.

Considere-se feliz.

Considerar-se feliz é o início da felicidade.

294

20/Out

Não critique.

Os outros têm razões que você desconhece.

Compreenda. Talvez de quem você exige um sorriso só possa sair tristeza; de quem espera uma providência só possa aparecer atraso; de quem quer um esclarecimento só possa vir silêncio ou negação.

O que se sabe sobre os outros nem sempre é verdadeiro. Pode o acusado ser inocente, o bom ser malfalado e o amigo ser um adversário.

Não julgue mal.

Mostra elevado espírito quem, podendo criticar, prefere compreender.

21/Out

295

Afirme ter êxito.

Afirme e reafirme ter amplas possibilidades de transpor obstáculos, mesmo os mais dolorosos e terríveis. Veja-se com uma confiança que tenha muito mais poder do que as dificuldades, veja-se com um futuro tão bom quanto lhe é possível imaginar.

Deus, o Supremo Poder, está com você. Ele quer que você se abra ao progresso, aja e apresente o tanto de bom que é capaz.

Não esmoreça.

Tente, repita e vá em frente, até aonde puder chegar.

A sua força é para ser usada.

Acreditar-se com êxito é não ter medo de progredir.

296

22/Out

Você é um ser divino.

A sua substância, natureza, íntimo, raiz profunda, origem é divindade.

Por ser divindade, em você estão valores de bondade, luz e inteligência, para sempre.

Ao se achar com divindade, você não quer se macular, não quer regredir e abre as portas da vida, que também é divindade.

Então, sinta-se forte, com condições de progredir, desvencilhar-se de problemas, vencer dores, ser útil e feliz.

Deus está com você.

Deus, que está em você, é a maior força do Universo.

23/Out

Compreenda e será feliz.

Compreendendo, melhor será para você entrosar-se, amar e progredir em paz.

Entenda os outros, o que querem, o que são e descobrirá coisas maravilhosas.

Escute, faça sorrir e dê esperança. Tudo o que você faz aos outros a si faz, por força de ser divina a filiação de todos. Se ajuda, ajudado será; se prejudica, sofrerá por isso.

Ama mais quem procura entender, pois tem olhos e ouvidos amplificados.

A compreensão dada aos outros é felicidade dada a si mesmo.

298

24/Out

Desenvolva-se.

A semente pequenina, frágil tem, por dentro, uma força gigantesca. Na terra, rompe a si mesma, expande raízes, vence impedimentos, mostra-se à luz e surge árvore resistente e produtiva.

Desenvolva as sementes do seu interior.

De uma sementinha de paz, faça surgir a força ante os problemas; de uma de alegria, o entusiasmo contagiante; de uma de esperança, a ação para os projetos vigorosos; e, de uma de sabedoria, o equilíbrio perante a vida.

Você se abriga à sombra das árvores que nascem das sementes do seu interior.

25/Out

299

Aumente as suas forças.

Pense da seguinte maneira:

Deus, dá-me forças para bem construir este momento, o dia de hoje e o meu futuro. Forças para iniciar uma coisa e terminá-la; criar novas amizades e sustentá-las; perdoar, mesmo as faltas graves; não guardar mágoas; ter paciência, um bom sorriso nos lábios; dar valor ao que é útil; e usar minha visão, mãos e pés para fins produtivos.

Peça a Deus.

Você aumenta as suas forças quando ora com fé.

300

26/Out

Retenha o que é bom.

Às vezes, de um montão de assuntos nada se aproveita.

Só aceite o que for útil. Só ponha na mente o que a orienta, o que lhe acrescenta, o que a fortalece. No coração, coloque o que dá grandeza aos sentimentos.

Mais vale a qualidade do que quantidade.

Por essa razão, não é ter muitos amigos o que adianta, mas a bondade deles; não é ter muitas ocupações, mas saber as que se aproveitam; não é acumular bens e dinheiro, mas a utilidade deles.

É de maior proveito o pouco com qualidade do que o muito sem ela.

27/Out

301

Os seus sentimentos pedem rumo.

Se você perdoa uma vez, mais fácil perdoará outras vezes; se tem paciência uma vez, mais paciente será nas vezes seguintes; se controla a raiva, a paixão, o medo e o desânimo uma vez, com mais facilidade fará isso outras vezes.

Ao amar as pessoas que conhece, você se habilita a amar as que desconhece; ao ter fé nos pequenos embates, prepara-se para as grandes tormentas; ao desempenhar bem as mínimas tarefas, capacita-se para as grandes.

Direcione-se.

Você cresce ao infinito quando treina os seus sentimentos no sentido do bem.

302

28/Out

Arrume-se interiormente.

Imagine ser o seu íntimo uma casa que pede arrumação para ser agradável.

Ponha ordem na casa.

Coloque claridade onde há negrume; fortaleza onde encontrar fraqueza; esperança onde aparecer desalento; força da ação onde identificar preguiça; paz onde reina intranquilidade; alegria onde domina a tristeza.

Use a vassoura da boa intenção e livre-se do que não serve para nada.

Desafogue o seu íntimo.

A felicidade, como as visitas, gosta de entrar em casa bem arrumada porque se sente à vontade.

29/Out — 303

Você tem poder de manobra.

Se lhe dizem grosserias, você tem o poder de interpretar para mais ou para menos o que ouviu e de sentir-se ofendido ou não; se tem à frente chances de progresso, pode rejeitá-las ou aproveitá-las em profundidade; se está em ambiente de sadia alegria, pode ser indiferente ou tocar-se pelas emoções; se contempla a natureza verde e pura, pode ser insensível ou não; se parte para o trabalho, pode considerá-lo sufocante ou agradável. Assim, o seu lar pode ser bom ou mau, os seus conhecidos, amigos ou inimigos.

Tome o lado positivo.

Tomar o lado positivo é sentir atração pela felicidade.

304

30/Out

Não durma com raiva. Nem mesmo que seja pouca.

Nas horas de sono o seu espírito também trabalha, as emoções estão em atividade, o subconsciente produz imagens e o corpo recupera energias. Mas, o coração perturbado faz sofrer a mente, o corpo e o espírito, provocando um despertar incômodo.

Durma em paz.

Se foi incompreendido, creia ser a sua compreensão maior que a incompreensão; se recebeu maus-tratos, trate você bem a si; se o que queria não deu certo, acredite que dará certo no futuro.

A noite bem dormida é o começo de um dia feliz.

305

31/Out

Fique acima do negativo.

Resista, se o negativo quiser alcançar você por todos os meios.

Firme-se no positivo.

A rigor, você é um ser positivo. Nasceu da positividade da vida, de uma esperança de Deus ao colocar o positivo dentro de sua alma. Por isso, você nasceu para as estrelas, para o progresso total, para uma luz que não se extingue jamais.

Faça a sua parte e creia na prosperidade, na felicidade. Aja com decisão, bondade, vontade e confiança.

Rejeite o negativo, mesmo o de facilidades, brilhos e fantasias.

Conservar-se no positivo é livrar-se dos desastres do mal.

306

01/Nov

Não veja as pessoas pelos seus erros e imperfeições.

As deficiências, os maus procedimentos, os aspectos condenáveis de uma pessoa são processos em extinção. As suas virtudes, qualidades e capacidades são processos em expansão.

Então, por que ver numa pessoa o que tende a se extinguir?

Tenha em conta, nas pessoas, a bondade, o caráter, a elevação, pois destinam-se a crescer. Vendo-as assim, você exercita virtudes em si, pois só se enxerga nos outros o que se traz por dentro.

Exercita as próprias qualidades quem vê as qualidades dos outros.

307

02/Nov

Finados?

Não desapareceram os que morreram.

Eles continuam a existir sob novas condições. Podem, às vezes melhor do que antes, enxergar, deslocar-se, prestar benefícios, orar, cultivar esperanças. Aguardam o retorno dos que ficaram para trás e seguem um caminho de evolução e amor.

Vivem, e, se você chora, eles se entristecem; se você se alegra, lembrando-os, eles se alegram.

Considere-os vivos em outra pátria, sem esquecer que são *mortos* os que os consideram sem vida.

Você é vivo quando sabe que os mortos vivem.

308

03/Nov

Com Deus, tudo é possível.

É Deus que, de dentro de você, faz o que parece ser obra sua, diz a palavra que lhe sai da boca, opera milagres nos corações dos outros com os sentimentos que saem de você e promove o progresso que você trabalha por alcançar.

Para Deus não existem barreiras, dificuldades.

No momento em que você se sente com Deus, as suas perspectivas, horizontes e poder de ação se ampliam ao infinito. O difícil se torna fácil, as dores se abrandam e os dias são alegres.

Jesus disse: "Não sou Eu que faço as obras, mas o Pai que está em Mim".

04/Nov

Ame verdadeiramente.

Não com um amor de interesse, de negócio, de paixão.

O amor é sensível, é tênue. É como a água limpa que uma gota de sujeira, tinta ou sangue faz ser outra coisa. Assim, o amor que visa ao sexo é paixão; o que visa à retribuição é interesse; o que visa ao agradecimento é vaidade; o que visa à bajulação é vaidade.

O seu amor pelos outros atrai o amor deles e o de Deus por você, que lhe trará alegrias, benefícios, agradecimentos.

Aceite as pessoas com humildade.

O seu amor faz milagres em você e nos outros.

310

05/Nov

Deus ama você.

Ele pôs em você grãos de espiritualidade, elevação, paz, alegria, para que brotem e deem frutos.

Faça-os desenvolverem-se.

Considere que se você levanta uma mão, é Deus que a levanta; se você caminha para um objetivo, é Ele que o faz ser atingido; se busca forças, é Ele que as dá; se trabalha duro, é dEle o mérito; se manifesta uma vontade, são dEle as condições de realização; se enfrenta obstáculos, é dEle a solução.

Deus sempre lhe dá os meios de fazer germinar os grãos que pôs em você.

06/Nov

Sinta Deus.

Se Deus está numa folha, numa bactéria, numa semente, num átomo, por que não estaria em você?

Como essência sua, Deus enxerga no seu enxergar. Ele anda, pega, pensa, sente, no seu andar, pegar, pensar, sentir. É, em você, beleza, alegria, saúde, realização, amor.

Compreenda isso.

Progrida, ame e aprenda, entendendo que tudo você é com Ele, e que nEle está o seu começo, a sua eternidade, a sua alegria, a sua felicidade.

Sentir Deus dentro de si é sentir a felicidade.

312

07/Nov

Vença as dificuldades.

Seja como as águas de um rio que triunfam sobre barreiras, pedras, sujeiras e chegam calmas ao grande oceano.

Assim também deixe você para trás as dificuldades e chegue à prosperidade. Se é grande o problema, maior deve ser o seu ânimo para ultrapassá-lo. Se encontra pela frente paixões, vícios, maus hábitos, vença-os e siga adiante, confiante vida afora.

Nenhuma dificuldade supera a sua força.

O rio vence as dificuldades dele; você vence as suas, quando acredita na vitória.

313

08/Nov

Proclame a saúde.

Sinta a poderosa energia da saúde percorrendo todo o seu ser, da ponta dos pés aos fios de cabelo da cabeça, entrando pela sua alma. Não dê abrigo aos pensamentos de decadência, insucesso, doença, negatividades.

Defenda a saúde.

Quando aparecerem os assuntos tristes, evite que continuem, pois atraem enfermidades. Mude o rumo da conversação para assuntos de otimismo, esperança, alegria, vida plena.

Na cabeça está a saúde.

A saúde vem quando você se acredita com ela.

314

09/Nov

Expanda a sua força.

A sua força flui e reflui em obediência ao seu pensar.

Se você tem certeza de que alcançará o objetivo e alegrar-se-á com os resultados, a força interna sente um forte chamado e se põe em atividade; se tem dúvida, ela treme; e, se está convicto do insucesso, ela se anula.

Creia que pode realizar as aspirações do seu coração, o que para você é bom, justo e verdadeiro. Quando você crê a crença impele as forças, e essas, a ação e a efetivação.

Use a sua força.

As esperanças no resultado despertam a força da alma.

10/Nov # 315

A fé anula o sofrimento.

O sofrimento vive da má avaliação das circunstâncias, da falta de opções, de soluções.

Preencha-se de fé, da certeza de que tudo se resolve, confiante no seu poder de eliminar problemas e ser feliz.

A fé forte é como uma voz forte, ecoa no coração, na mente, na alma. Tremem ao ouvi-la os pensamentos de incerteza, de medo e desesperança, que saem rapidamente.

Creia que pode e já estará podendo.

A fé verdadeira não teme obstáculos.

316

11/Nov

Creia na força deste novo dia.

Ele desfez a noite e veio para ajudá-lo.

Aproveite-o.

Use as energias deste novo dia, erga-se e reestruture-se. Ponha no peito uma esperança mais forte que a de antes, um empenho em se conhecer melhor, em descobrir suas fortalezas, em formar amizades e em fazer desabrochar uma personalidade rica, bela e perfeita.

Este dia é uma nova oportunidade, uma nova aurora.

Confie nele.

A força deste novo dia é mais intensa quando você tem a intenção de renovar-se.

12/Nov

Não ponha as suas esperanças no que passa, mas no que não passa.

Ante as diversas situações da vida, indague de si se esta ou aquela posição pode por você ser adotada, se o que busca ou se lhe oferece é de natureza transitória ou permanente.

Apoiar-se no que tem por natureza passar é pôr desencantos no coração.

Eleja o que é permanente, o que é eterno, como o são a fé verdadeira, as esperanças bem orientadas, a ação correta e a conquista de si mesmo.

Você cresce interiormente quando dá preferência ao que é eterno.

318

13/Nov

A força interior se transforma naquilo de que você mais precisa.

Na hora da dificuldade, ela é arrimo, sustentação; na hora do desassossego, da inquietação, ela é pacificação; na hora da luta, ela é estímulo, é ação; na hora da dor, ela é bálsamo; na hora da incerteza, ela é esperança; no dia a dia, ela é otimismo e paz.

Tenha carinho pela sua força interior, pois ela vem de Deus.

A força interior, reconhecida e amada, é sua bênção de toda hora.

Tenha bons pensamentos, que a força interior aparece.

A vida é muito melhor quando você bem usa a sua força interior.

319

14/Nov

Agrade o seu coração.

O seu coração sente alegria quando você faz um bem e se mostra interessado em conhecer melhor a si e aos outros.

Não martirize o coração com desesperanças, ideias de doença e maus desejos. Deposite nele a vontade de progredir, ter proveitos sadios, fazer melhores os dias, usar as oportunidades e distribuir o bem e os sorrisos que a hora merece.

O bem que faz aos outros a si mesmo faz. Ele lhe resulta em felicidade e paz de espírito.

Tudo é melhor para você quando você é melhor.

O seu coração agradece o bom trato que recebe de você.

320

15/Nov

Deus liberta.

Deus liberta você das amarras da ignorância, desesperança, tristeza e dor.

Dê acesso a Ele.

Aceite Deus bem dentro de si e ponha nEle as suas esperanças. Para desabafar, conte a Ele o que mais o atormenta, e isso lhe será uma grande ajuda.

A forte crença em Deus desata os nós interiores, acende luzes, põe equilíbrio nas emoções e abre as janelas por onde entra o ar fresco de uma vida nova e linda.

Deus quer você feliz.

O ato de crer em Deus é um ato de libertação, alegria e vitória.

16/Nov

321

Não duvide de você.

Não fraqueje, pensando ser incapaz, não poder o mesmo que os outros, nem ter meios de se afirmar, progredir, ser saudável e feliz.

Lembre-se de que as forças consumidas pela dúvida são as mesmas que fazem os prodígios, quando usadas na crença em si, na ação vigorosa e no amor a todos.

Não há por que duvidar.

Dentro de você, na sua mente, corpo e espírito, repousam energias admiráveis, poderosas, eficientes, agradáveis, que só precisam ser bem usadas.

Duvidar de si mesmo é impedir o progresso e a felicidade.

322

17/Nov

Empregue a sabedoria.

Por ser chave de tudo, ela mexe nas *fechaduras* do dia a dia, dos problemas, emoções, convicções, anseios e realiza o que se pode realizar.

Use de sabedoria e saiba lidar consigo mesmo, ser forte, valoroso e digno.

Pense assim: **tenho uma força interior que de mim espera sabedoria. Quanto mais sabedoria conquistar, melhor posso ser para mim e para os outros.**

A sabedoria é o braço direito da felicidade.

18/Nov

Você sente que lhe falta algo fundamental?

Quando, de maneira inexplicável, você sentir desconforto interior, como se algo lhe faltasse, sem saber o que e o porquê, recorra à prece, abrindo o coração a Deus.

É de Deus que você sente falta, como o filho sente falta da mãe.

A oração, partida de dentro, mesmo rápida e sem palavras preparadas, vibra dentro de você e o preenche de paz, compreensão e esperanças.

Tenha o hábito da prece.

O coração, para se sentir bem, precisa da vibração que só Deus tem.

324

19/Nov

Louve o seu íntimo.

O seu interior é como o lenho, o interior de uma árvore viçosa. À medida que se passa da casca, aparecem os veios por onde corre a seiva, o verde da vida.

Também você, ao pensar positivamente, com bom coração, atravessa a casca de egoísmo e superficialidades do seu ser e chega aos pontos vitais, onde corre a seiva da vida, a verdade de Deus.

Vença as deficiências, as cascas da ignorância e projete-se para dentro de si, conhecendo-se e amando-se.

O seu íntimo é maravilhoso, é verdade pura.

325

20/Nov

A felicidade é uma percepção.
Você a *percebe*.
Quando você, mesmo nas dificuldades, vê que outros enfrentam situações mais difíceis que as suas; quando olha para si mesmo e em volta encontra pontos positivos; quando sai a andar e observa as flores, até as pequeninas; quando sente sem significado o que pode lhe faltar, então, você está *percebendo* a felicidade.

Não é pela via do dinheiro ou do prestígio que se chega a perceber a felicidade. É pelo coração bem intencionado.

Enxergue-se feliz.

A felicidade se mostra aos olhos que a querem ver.

326

21/Nov

Não alimente a preocupação.

Procure alcançar a serenidade.

Para tudo há resolução e meios de socorro.

A preocupação não resolvida deposita-se no subconsciente, gera novas preocupações, até mesmo as sem motivo.

Não sobrecarregue o coração, o sistema nervoso.

Mesmo nas situações difíceis, creia que pode acalmar-se, pôr-se acima das ocorrências e deixar a tristeza para trás.

A sua vida caminha para melhor.

A preocupação vencida é aprendizado e paz de espírito.

22/Nov

Trate com carinho os seus relacionamentos.

Empregue com as pessoas o tratamento que gostaria de receber delas.

Elas merecem bom trato, pois são como você.

Não lhes negue um olhar de simpatia, um sorriso, uma palavra agradável, um ouvido atento, uma ajuda. Assim, elas se sentirão incentivadas a dar a você o melhor que podem.

O bom tratamento que você dá às pessoas produz nelas o desejo de tratá-lo da mesma forma, e isso faz o bem-estar seu e o delas.

Quem trata os outros com carinho a si mesmo trata bem.

328

23/Nov

Você é importante.

Não entre no ônibus da ilusão, para ser apenas mais um a parar nos pontos do orgulho, vaidade e falência das capacidades.

Você é tripulante de uma nave que ruma sobre as nuvens em direção a um grande destino. Confie no seu talento e evite a mediocridade perniciosa.

A sua importância reside em suas qualidades, valores, luzes e sentimentos. Use-os, privilegiando o espiritual sobre o material.

Pense nisso.

A sua importância cresce quando você a põe a serviço dos outros.

24/Nov

A sua vida está melhor.

Você faz a vida ser melhor, quando crê que ela já está melhor.

Não é só esperar que ela por si se faça boa. Você é que a faz ser boa, ao dar o sinal verde a ela. É o seu sinal verde que abre o caminho dela, como acontece no trânsito ao se desimpedirem as vias, as estradas.

Não dê sinal vermelho à vida.

Dê-lhe o sinal verde dos seus pensamentos positivos, de sua crença em si, em Deus, no dia que corre e no amanhã, para que uma vida feliz chegue e se estabeleça.

O sinal verde que você dá para a vida é sinal de felicidade que dá a si mesmo.

330

25/Nov

Faça nascer bons objetivos.

Não viva sem objetivos, como um pedaço de madeira nas ondas do mar.

Examine o passado, o presente e verá suas tendências. Há um fio de comportamentos, uma sequência de ações e características que só você tem.

Daí vêm os bons objetivos.

Uma vez surgidos, persista neles. A ideia, para se firmar e resultar em ações, pede seguimento, continuidade, como a erva que exige condições apropriadas para se desenvolver.

Um bom objetivo dá paz ao coração, firmeza à mente e grandeza ao espírito.

26/Nov

331

Desânimo?

Ele aparece quando você sente frustração, pensa que a luta é em vão, que as circunstâncias lhe são mais adversárias do que amigas e que o mundo é mesmo de sofrimento.

Mas, como evitá-lo?

Se desejar uma coisa de um modo e ela lhe surgir de outro, não desanime. Entenda que o mais importante não é o sucesso *nas coisas*, mas o sucesso *dentro de você*. Mesmo que as coisas não saiam a contento, não permita o abalo no íntimo.

Desânimo é tristeza. Cultive a alegria.

Afastar o desânimo é retirar um peso do coração.

332

27/Nov

Atenda aos apelos de Deus.

Eles são constantes. Vêm em horas de alegria, diversão, trabalho, repouso. Nas horas em que você está na pobreza ou na riqueza, em paz ou na agitação, na plantação ou na colheita.

Eles sempre visam ao seu bem.

Querem que você entenda, ame, faça bem o hoje e prepare um excelente amanhã, tenha paciência nas dificuldades, creia na bondade da vida, acredite-se em aprendizado, lute e evolua.

Ouça-os. Deus é o seu supremo amigo.

Atender aos apelos de Deus é caminhar para a felicidade.

28/Nov

Segure o bom humor.

Às vezes, você não recebe bom tratamento, o ambiente fica agitado, alguém se excede nos nervos ou surge uma notícia desagradável.

Mas, releve.

Não permita que as suas emoções se abalem, os pensamentos se embaralhem e cometam-se desatinos. Não seja um veículo que perde os freios na descida.

Com bom humor você vê as coisas voltarem ao normal e agradece a si mesmo por não haver se alterado.

O seu bom humor é a sua proteção.

334

29/Nov

Use o filtro da mente.

O seu ambiente pessoal é fruto do seu pensamento.

Se o concebe como agradável, maleável, obediente à sua vontade, ele assim se apresenta. Se o imagina hostil, agressivo, desobediente, penoso se torna lidar com ele.

Acredite que tudo à sua volta está submetido ao seu filtro mental, que só permite passar o que tem utilidade, beleza, alegria, bondade, espiritualidade. O que não passar contém negatividades.

Valorize o que de bom está no seu ambiente.

É fácil viver quando se sabe usar o filtro mental.

30/Nov

335

Seja sensível.

Deixe-se tocar por bons ensinamentos, boas emoções, boas expectativas.

Ao ouvir falar no bem, pense em fazê-lo; ao ouvir falar do mal, afaste-se; ao ser chamado a refletir sobre si mesmo, atenda; ao ser chamado a opinar, faça-o pelo lado positivo; ao estar em prova na vida, sustente o bom ânimo; ao ouvir falar da felicidade, procure obtê-la.

Marque presença.

Combata a indiferença, o alheamento, o ser nem bom nem mau, o ser morto-vivo.

Quem se sensibiliza sente a vida por dentro.

336

01/Dez

Peça com fé.

Não pense que não adianta orar; que, se orar, não consegue o que quer; que orar é perda de tempo e de esperanças.

Você sempre consegue o que quer de Deus, mas à maneira de Deus, que sempre faz o que é melhor para você.

Tenha fé. Não peça só por pedir. E agradeça, como se já tivesse recebido, pois os resultados invisíveis da oração são maiores que os visíveis.

Ponha o poder de sua prece em ação.

Quando você ora com fé, Deus sempre lhe diz "sim".

02/Dez

Dê liberdade à mente.

Não a mantenha presa. Faça os pensamentos voarem livres, expandirem-se, irem até onde a consciência lhe diz ser certo. Você os enclausura se tudo vê por um só ângulo, se sempre os converge para um só assunto, se quer bem a uma só ou a poucas pessoas.

Solte a mente.

Tenha opções. Há muitas coisas boas em que pensar, que antever, em que trabalhar. Pense no bem e evite o mau pensamento. Ele é como a maçã podre que, mesmo sendo a única, contamina o cesto inteiro.

Pensamentos ágeis e livres são como aves que longe voam em busca de bom clima.

338

03/Dez

O Senhor tudo lhe dará.

Na hora certa, no instante de maior necessidade, Ele estará ao seu lado, sem falta, dando-lhe a mão que salva.

Confie.

Nada justifica você se desesperar ou esperar complicações e problemas acima de sua capacidade de resolução.

O Senhor Deus está ao seu lado para fortalecê-lo, inspirar-lhe a inteligência, sustentar o seu coração, mostrar-lhe o que fazer para vencer e ser feliz.

Não tema.

Deus, que trouxe você até aqui, sustentar-lhe-á sempre.

04/Dez

Viva o hoje.

O ontem já foi e o futuro pede que você viva bem o hoje.

O hoje chama-o, pede o seu concurso, deseja mostrar o que pode ser para você.

Não se dê por vencido, não se sinta preso nas grades do ontem, como se nada pudesse ser feito além do que você vem fazendo. Veja o hoje como uma oportunidade que não pode perder, como uma terra pronta para receber o plantio, como o momento de levantar voo, de progredir e ser feliz.

Você sente ser melhor o futuro quando utiliza a potência do seu hoje.

340

05/Dez

Eduque-se para ser feliz.

A felicidade exige a educação dos pensamentos e, por via desses, dos sentimentos.

O que acontece ao se soltar um animal pesado num canteiro de flores ou um indivíduo irrequieto numa loja que vende cristais?

Certamente tudo se destrói.

Assim são os pensamentos. Os pesados, como os de agressão, e os irrequietos, como os intolerantes, pisoteiam e quebram as flores e os cristais da felicidade. Os bons, os mansos, os tranquilos, os esperançosos fazem prosperar a felicidade.

O mais importante da vida é a educação para a felicidade.

06/Dez

Tenha o ideal de servir.

Um ideal forte, contundente, que tome conta do seu ser e lhe mostre um futuro de espiritualidade e paz.

Combata a vontade de ser servido, de receber para acumular, de centralizar atenções, de ser feliz sem desafios e de "deixar como está para ver como fica".

Faça algo bom.

O bem é um crédito perante Deus e seu amparo futuro. Tenha bons pensamentos, ponha-os em prática e sinta o prazer de ser útil.

Você desperta o ideal de servir ao sentir que, ajudando os outros, ajuda a si mesmo.

342

07/Dez

Empregue bem a liberdade.

Como a água que desce a montanha e, sem leito, evapora na planície, ao calor do sol, ou como a nave que sem rota se perde no espaço, assim a liberdade precisa de rumo para não desaparecer no vazio.

Liberdade pede responsabilidade. Pense nas consequências do que faz.

A liberdade, bem dirigida, é força que se canaliza para as realizações, das pequeninas às grandiosas. Mal dirigida, é uma fonte de erros e danos, às vezes acima do que se imagina.

Em tudo, como num veículo, a responsabilidade deve estar na direção.

08/Dez — 343

Construa uma nova personalidade. Você se constrói a todo instante.

Para ter a personalidade amorosa e firme, incorpore a ela os valores permanentes.

Quando você diz a palavra amiga ou faz o ato bom, a bondade se agrega a você; se tem compaixão pelos outros, a compaixão se une a você; se vê beleza à sua volta, a beleza se põe em você; se olha o futuro com otimismo, o otimismo se estabelece dentro de você; se tem fé em Deus, a divindade transparece em você.

A sua personalidade mostra o que você vem fazendo de si mesmo.

344

09/Dez

Anime-se no decorrer do dia.

Mesmo que tenha se levantado da cama de mau humor, que tenha saído de casa e chegado ao local de trabalho sem vontade de rir ou de conversar com ninguém, acredite que, durante o dia, tudo pode melhorar.

Se começar o dia bem, tudo bem. Mas, caso contrário, faça, em silêncio, uma prece a Deus. Se não puder fazê-la, feche os olhos, respire fundo várias vezes, anteveja as modificações positivas e sinta-se mais forte e paciente.

Se você se modifica, tudo muda.

Para ficar melhor, até um copo d'água, tomado com esperança, tem valor.

345

10/Dez

Sobrou uma dor do passado?

Então, pense que as alegrias do futuro serão muito mais intensas que as dores do passado.

Se o pretérito apareceu carregado de más recordações, convença-se de que o amanhã vem alegre, para compensar os antigos sofrimentos, e isso é felicidade para o hoje.

"Depois da tempestade vem a bonança", diz o ditado.

Levante o ânimo, a cabeça, a esperança e olhe para a frente com coragem.

Na balança do coração, quanto mais esperanças num dos pratos, menos dores no outro.

346

11/Dez

Mesmo na velhice, sinta a mocidade nas veias.

A mocidade, a saúde, a alegria, a vida abundante são estados de espírito e, como tais, sujeitos a alterações.

Se, neste dia, você se imagina feliz, integral, saudável, esses pensamentos agem em você sem perda de tempo, numa fração de segundo, encaminhando-o para ser o que pensa.

Então, conduza o corpo, a face, o olhar para uma agradável transformação, à semelhança de sadia mocidade.

Se na mocidade os desejos dominam, que na velhice domine a sabedoria.

347

12/Dez

Amanhã será melhor.

O hoje também pode ser bom, mas, se ele veio com complicações, é hora de acreditar no amanhã.

Para não prejudicar o hoje, supere a impressão de que o dia seguinte seguirá sem melhorias. Ele será diferente porque se constituirá de novos fatos, e sua disposição será outra.

Ao crer que o amanhã será melhor, você usa as poderosas forças da esperança, do otimismo, que se lançam sobre as dificuldades, esfacelando-as.

O bom amanhã está vindo.

Crer que o amanhã será melhor que o hoje é minorar os sofrimentos do hoje.

348

13/Dez

O que é o problema?

O problema, a complicação é o que sobra de uma avaliação malfeita do que ocorre, é a consequência de algo.

Não considere nada um problema. Se for uma notícia, ela não é má se você a aceita; se é o falecimento de pessoa querida, ele dói menos, se você crê ser isso natural; se as coisas que você quer não acontecem, isso não lhe aflige, se tem paciência.

Um fato é apenas um fato. Não permita que se transforme em um problema.

Use a inteligência.

Os acontecimentos sempre trazem a solução por companhia.

349

14/Dez

Tudo vai bem quando *você* vai bem.

Quando você tem os nervos à flor da pele, tudo em volta parece agredi-lo. Se tem perfeita calma, a ordem reina ao redor, e as pessoas se mostram amando você.

É assim.

O seu exterior segue o seu interior. É um reflexo do seu íntimo.

Assim sendo, vigie-se para estar sempre bem, não chegar a extremos, preparar-se para tudo, falar, ouvir e agir com inteligência e ajudar para ser ajudado.

Estar bem é um dever de amor para consigo mesmo e para com os outros.

350

15/Dez

A vitória é possível.

Ela está à sua frente, chamando você.

Para tocá-la, preencha-se de vontade, esperança e ponha-se em ação.

Tenha por meta uma vida melhor e acredite que a realizará. Se assim a idealiza, se crê e se esforça, ela já está entrando em você.

Creia poder, que você poderá.

A vitória se aproxima quando você sente que já a está obtendo. Sempre existem caminhos para os que têm real vontade de chegar ao destino.

Quem sabe aonde quer chegar descobre os caminhos por onde ir.

16/Dez

Este dia é seu.

É um favor do tempo, uma concessão de Deus para você.

A essência deste dia e o seu poder são descobertos pela sua crença nele, pela ação que nele exerce, pelo seu desejo de progredir bastante, de amar intensamente.

Use o dia.

Sirva-se dele no lado positivo, no da esperança, da ação vigorosa, do amor a si e aos outros. Como uma lâmpada em que a luz aumenta ao virar do botão, assim este dia, ao ser bem utilizado, mostra do que é capaz, os benefícios que pode produzir.

Um dia bem vivido é uma grande bênção de Deus.

352

17/Dez

Veja o sol da felicidade.

Do horizonte o sol vai surgindo, emergindo de mansinho, tranquilo, majestoso, afugentando a noite e tomando conta do dia.

Assim a felicidade.

Imagine-a surgindo dentro de você, a pouco e pouco, crescendo, aquecendo, afugentando as negatividades e irradiando-se por todo o seu ser.

Para que a felicidade, o bem-estar interior e a paz surjam no seu horizonte interno, penetre o lado positivo da vida e ame o quanto puder.

A felicidade é um sol dentro de você.

353

18/Dez

A felicidade é sua.

Ela lhe pertence. Para senti-la bem no fundo do coração, trabalhe com os pensamentos positivos, com a esperança, com a paz.

A felicidade está junto a você, e não escondida na imensidão dos céus.

Ponha, bem aprofundado, que, para ser feliz, e isso cada vez mais, você necessita fazer o bem, abrir bons sorrisos, ser verdadeiramente amigo, pensar em Deus e reconhecer virem dEle as suas qualidades.

A sua vida é preparação para a felicidade eterna.

Quem faz o bem é feliz mesmo sem pensar na felicidade.

354

19/Dez

Sinta a felicidade.

Quem de nascença não enxerga talvez diga "a luz não existe". Para quem nasce na surdez, "o som não existe".

Da felicidade, que nunca foi sentida, talvez se possa dizer que "não existe".

Mas, ela existe.

E é seu destino ter a posse dela. Faça-a crescer por inteiro, pois, posta por Deus, ela, em essência, já está em você.

A felicidade se alevanta por suas ações de amor, mesmo as de um mínimo serviço, de uma ínfima alegria, de uma faísca de esperança.

Hoje é o melhor dia para você ser feliz.

20/Dez 355

Cuide dos seus caminhos.

Por onde passar, deixe corações agradecidos, benefícios, alegrias.

Não deixe lixos.

Quem joga o que não presta nos caminhos por onde anda dificulta a vida de quem vem depois; mas, ainda mais, prejudica a si mesmo, porque a sujeira de fora é mostra da sujeira de dentro.

Cuide de fazer limpa a consciência, para que, na hora de prestar contas a Deus, de nada tenha que se envergonhar.

Na estrada da vida, o lixo que o viajante jogou atrás aparece-lhe à frente, impedindo que prossiga a jornada.

356

21/Dez

Entusiasme-se com o que começa a melhorar.

A ideia nova sofre os efeitos da que antes lhe ocupava o lugar. É necessário vencer os antigos hábitos e impor um novo ritmo à vida.

Depois que se começou a melhorar, mostra-se imperioso prosseguir, aproveitar os impulsos e seguir com ânimo até que a melhoria se complete.

Se o objetivo é bom, não desista.

Desistir, quando tudo vai bem, é temer o progresso, é desprezar as próprias forças.

Quem não quer ir para a frente é puxado para trás.

357

22/Dez

Apegue-se a um fio de esperança.

Ainda que os seus argumentos mostrem nada valer, que tenha tentado sem conseguir, que tudo lhe pareça perdido, mantenha pelo menos um fio de esperança.

Deus sempre tem meios de ajudar você.

Espere.

De repente, as coisas começam a mudar, uma claridade surge, a semente que você plantou brota, o que você não esperava vem e a vitória acontece.

Não abandone a esperança.

O fio metálico conduz a eletricidade e a luz; o fio da esperança conduz a solução e a alegria.

Tenha fé.

358

23/Dez

A crença em Deus e em si mesmo dá força e vigor para trabalhar, amar e não temer a felicidade. Ela tranca a porta do coração ao desânimo e abre o entendimento para o que é bom e dá gosto à vida.

Ter fé é ver o mundo como amigo, gostar da companhia dos outros, não falar mal dos companheiros, chefes ou subordinados e ser alegre até nas dificuldades.

Acredite no poder da fé e veja-se em melhoria.

A fé sustenta você mais do que você a ela sustenta.

24/Dez

Ponha amor no coração.

Uma centelha de amor, uma migalha dele é fermento de grande felicidade.

No seu coração, o amor é força na hora de agir, é ânimo para vencer as dificuldades, é paciência nas demoras, é esperança ante o futuro e é fé para ser feliz.

Amor e ouro não se pesam na mesma balança.

O amor que você põe dentro de si traz consigo estímulos para você viver bem, ter alegrias e esperanças sem fim.

O amor que você dá aos outros é o que o ensina a amar a si mesmo e a ser feliz.

360

25/Dez

Senhor, eis o Natal.

Há, no ar, suaves vibrações, um aumento de espiritualidade, de alegria, de compaixão.

És Tu que abençoas os sentimentos que a Ti se elevam da Terra, nas preces, nas alegrias nascidas dos lares, dos presentes, das luzes das cidades e dos campos.

Como aconteceu na Tua vinda, quando o império de Augusto experimentou inusitada paz, há, hoje, um toque que privilegia a paz e exige o silêncio das armas.

Rendemos-Te graças, ó Senhor.

Ante o Teu afago, os nossos corações se alegram, e uma luz nova nos clareia o espírito.

26/Dez

Evite a discussão.

Alimentar bate-bocas é pôr lenha num fogo que virá a queimá-lo.

Se aparecerem desavenças, afaste-se delas.

Mesmo que vença numa discussão, você acaba perdendo, pois coloca uma dor no coração dos outros. Deixe a verdade aparecer numa hora de paz.

Você foi feito por Deus para viver em paz. Se agride os outros, agride a si mesmo, e disso nada de bom pode vir.

Conserve as amizades.

Uma boa amizade vale mais do que ouro.

362

27/Dez

Tudo tem sido difícil?

Nos momentos de desânimo, em que parece ser impossível haver melhorias, reaja e busque forças para vencer.

Mas, como superar o abatimento?

As coisas são o que são para que delas você extraia ensinamentos. E sempre você pode partir para o lado positivo.

Se realmente quiser, você melhora. É só praticar o otimismo. Mirar-se no espelho e analisar-se, ver-se pleno de beleza, resistência, saúde, paz e alegria. Quanto mais isso consegue, mais o pessimismo se afasta.

A vida é bela para quem a vê bela.

28/Dez

363

Concorde.

Concordar pode significar muito na sua vida. E isso não é submeter-se à vontade alheia. É entender as razões que os outros usam.

Saiba concordar e eleve-se.

Os outros se sentem à vontade, soltam-se, quando você concorda com eles. E, dessa forma, tudo vai bem. Se as pessoas vêm para humilhar você, saem de mãos vazias, pois você nelas não põe a munição que seria usada contra você mesmo.

Até o mal traz um ensinamento: o de que não se deve usá-lo.

364

29/Dez

Ajude-se.

Entre as mil maneiras que Deus fez para ajudá-lo, uma se sobressai.

É a de você mesmo se ajudar.

E isso você sempre pode conseguir, mesmo quando cercado de dificuldades.

Faça assim: imagine Deus supremo em tudo e, por estar Ele dentro de você, creia possuir uma suprema inteligência, uma suprema verdade, uma suprema energia, uma suprema alegria e uma suprema paz.

A isso não há insatisfação que resista.

Nenhuma maneira de ser ajudado por fora se equipara a de ser ajudado por dentro.

30/Dez 365

Olhe para você.

Talvez você se admire com o tanto de benefícios que obtém quando olha para si.

Olhando-se, a saúde que você reconhece ter, aumenta; a paz que procura aparece; o sonho do futuro que vê com clareza toma corpo; a vida que encara com alegria surge leve; e a felicidade que pensa estar longe aproxima-se.

Ademais, qual o valor dos seus olhos, ouvidos, pés, mãos? E de sua alma, sentimentos, pensamentos?

Não há dinheiro que os pague.

Ver-se forte, saudável, com qualidades, é atrair o melhor que existe para si.

366

O fim do ano chegou.

Chegou também o momento de refletir no que ele foi e de fazer os planos para o próximo.

Trace uma estratégia de progresso para o ano que está chegando. Sirva-se das experiências deste que finaliza como quem aproveita um terreno pronto para semeaduras.

Se errou, busque acertar.

Se acertou, continue assim.

O ano-novo está vindo repleto de amor para você. Aproveite-o, sem perder um só dia na tarefa de ser melhor. Disso tudo o mais procede.

Agradeça a Deus.

O ano velho se vai, mas você fica para progredir, amar e ser feliz.

Pequeno livro de bolso que traz em seu conteúdo mensagens de otimismo e reflexão, despertando no leitor sentimentos de entusiasmo, alegria e encanto de viver. Nas páginas dessa obra, o leitor encontrará ainda um bálsamo reconfortante, sobretudo diante dos problemas e dificuldades que vivenciamos em nosso dia a dia.
8x11 cm | 160 páginas | Preces

17 3531.4444 | boanova@boanova.net

Apresenta inúmeras mensagens que nos estimulam a viver bem. Abrange todos os tipos de dificuldades do relacionamento humano, levando pessoas a certificarem-se de que realmente é possível ser feliz, superando quaisquer empecilho

8x11 cm | 160 páginas | Preces

17 3531.4444 | boanova@boanova.net

Com pensamentos e reflexões dedicados a cada dia do ano, formando portanto 365 mensagens, este pequeno livro de bolso é um verdadeiro manual de auto-ajuda que pode ser lido ao acaso durante várias vezes ao dia. Nele o leitor encontrará inesgotável fonte de otimismo, fé, ânimo e esperança que renovará suas energias frente aos encontros e desencontros da vida.

7,5x11 cm | 376 páginas | Mensagens

17 3531.4444 | boanova@boanova.net

Esse pequeno livro de bolso é um verdadeiro manual de auto-ajuda que pode ser lido ao acaso durante várias vezes ao dia. Em cada página, o leitor encontrará inesgotável fonte de otimismo, fé, ânimo e esperança, renovando-lhe as energias frente aos encontros e desencontros da vida.
7,5x11 cm | 256 páginas | Mensagens

17 3531.4444 | 17 99777.7413 | boanova@boanova.net

Esse pequeno livro de bolso é um verdadeiro manual de auto-ajuda que pode ser lido ao acaso durante várias vezes ao dia. Em cada página, o leitor encontrará inesgotável fonte de otimismo, fé, ânimo e esperança, renovando-lhe as energias frente aos encontros e desencontros da vida.

7,5x11 cm | 272 páginas | Meditação

17 3531.4444 | boanova@boanova.net

Apresenta inúmeras mensagens que estimulam a viver bem. Abrange todos os tipos de dificuldades do relacionamento humano, levando as pessoas a certificarem-se de que realmente é possível ser feliz, superando quaisquer empecilhos.

7,5x11 cm | 256 páginas | Meditação

17 3531.4444 | boanova@boanova.net

Um livro para uso diário, rápido, fácil e direto. A finalidade é esclarecer as situações cotidianas, com enfoque de otimismo e reforma íntima. Esse é mais um título de Lourival Lopes, autor dos livros Otimismo Todo Dia, Gotas de Esperança e Sementes de Felicidade.

9x14 cm | 210 páginas | Mensagens

17 3531.4444 | boanova@boanova.net

Av. Porto Ferreira, 1031
Parque Iracema
CEP 15809-020
Catanduva-SP

www.**boanova**.net
boanova@boanova.net

 17 3531.4444

 17 99257.5523

 @boanovaed

 boanovaed

 boanovaeditora

Acesse nossa loja

Fale pelo whatsapp